rororo

ro
ro
ro

Hrund
Gunnsteinsdóttir

# Die Kunst des InnSæi

## Der isländische Weg zu Intuition und innerer Mitte

Aus dem Englischen von
Anja Schünemann

Rowohlt Taschenbuch Verlag

Ursprünglich veröffentlicht in englischer Sprache unter dem Titel «InnSæi: Heal, revive and reset with the Icelandic art of intuition» in Großbritannien von Lagom, einem Imprint von Bonnier Books UK Limited, London.

Deutsche Erstausgabe
Veröffentlicht im Rowohlt Taschenbuch Verlag,
Hamburg, November 2024

Covergestaltung zero-media.net, München
Coverabbildung FinePic®, München
Satz aus der Thesis
bei Dörlemann Satz, Lemförde
Druck und Bindung CPI books GmbH, Leck
ISBN 978-3-499-01593-9

*Ich widme dieses Buch meinen Töchtern*
*Rán und Sif und den jüngeren Generationen.*
*Und Ihnen, den Leserinnen und Lesern, wer immer Sie*
*sein mögen: Das hier ist für Sie. Ich hoffe, es macht*
*Ihnen Freude, in die Welt von InnSæi einzutauchen – sie*
*ist, wie ich finde, ein wunderbarer Ort. Seien Sie mutig*
*und bewahren Sie sich ein offenes Herz.*

# Inhalt

# Eine Einführung in InnSæi

(gesprochen «In-sai-eh»)

Dieses Buch ist ein Liebesbrief, eine Ode an die großartige, komplexe, dem Verstand weitgehend unzugängliche, aber faszinierende Welt, die wir alle in uns tragen: unser InnSæi, *das Meer* in uns. Im Folgenden werden wir erkunden, wie wir in diese innere Welt eintauchen können, um uns zu regenerieren und uns wieder mit der Welt um uns herum zu verbinden. Das Buch basiert auf der Überzeugung, dass wir umso mehr Teil der wunderschönen, großzügigen Welt außerhalb von uns werden können, je mehr wir mit einem starken inneren Kompass durchs Leben navigieren, der mit unserem InnSæi im Einklang ist. Um es mit den Worten des Planetenwissenschaftlers und Astronomen Carl Sagan zu sagen: «Der Kosmos ist auch in uns. Wir sind aus Sternenstoff gemacht. Wir sind ein Weg für den Kosmos, sich selbst zu erkennen.» Was wir in uns finden, in unserem Geist, projiziert sich auf die Welt um uns herum.

Ich liebe die Alchemie der Worte und wie sie uns helfen können, einen Sinn in den Dingen zu erkennen. InnSæi, das isländische Wort für Intuition, beschreibt auf poetische Weise das Wesen der Welt in uns. Es hat drei Bedeutungen: *das innere Meer; nach innen sehen;* und *von innen heraus sehen*. Das *innere Meer* impliziert dynamische Bewegung – diese innere Welt kann man nicht eingrenzen und in Raster pressen, weil sie dann nicht mehr fließen kann. *Nach innen sehen* heißt, sich selbst gut genug zu kennen, um sich in andere Menschen hineinzuversetzen und Verbindungen zu knüpfen, durch die wir uns laufend regenerieren. Und *von innen heraus sehen* schließlich impliziert einen starken inneren Kompass, der es uns ermöglicht, im sich ständig wandelnden Ozean des Lebens zu navigieren und unseren eigenen Weg zu finden.

InnSæi ist ein Wort aus der Welt des Wassers, deshalb hat auch dieses Buch einen starken Bezug dazu. Es erzählt von Ozeanen, Eisschollen, Erkundungen der Unterwasserwelt,

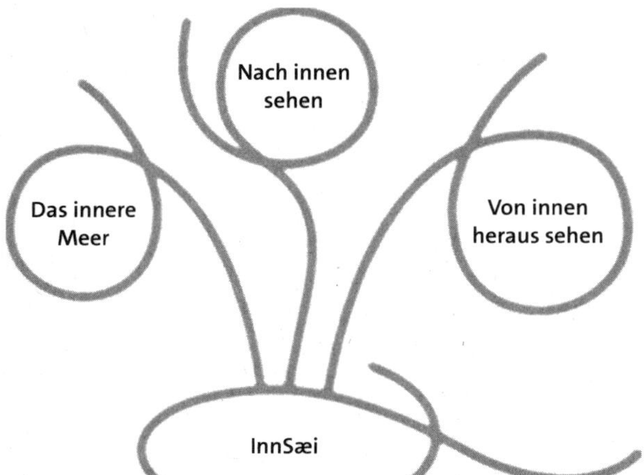

Kompassen, dem Fluss von Informationen und dem Pflanzensaft der Bäume. Wir werden viele faszinierende Abläufe in den komplexen Ökosystemen der Natur betrachten und uns mit dem Verhalten der winzigsten Lebewesen darin beschäftigen. Die Welt des InnSæi und der Intuition ist im Wesentlichen grenzenlos und nicht greifbar. Deshalb kann sie für quantitative, wissenschaftsbasierte Forschung schwer zu messen und in Zahlen auszudrücken sein. Für uns ist es darum nicht weniger wichtig, sie zu erkennen, zu würdigen und uns mit ihr anzufreunden. InnSæi folgt einer anderen Logik als rationale, greifbare, bewusste, problemlösungsorientierte Ansätze, die leicht repliziert und auf standardisierte Weise gelehrt werden können. Dieses Buch untersucht, wie die Intelligenz von InnSæi sich im ganzen Körper ausdrückt: Haut, Rückgrat, Nervensystem, Gehirn, Herz, Bauch und die Sinne. Sie werden beim Lesen immer wieder daran erinnert werden, dass alles miteinander verbunden ist: Wir bestehen im Grunde aus demselben Material wie die Sterne, und neuere wissenschaftliche Entdeckungen – auf den Gebieten der Humangenetik sowie der Messung von Hirnströmen und elektromagnetischen Feldern unseres Körpers – zeigen, dass gar nicht so klar ist, wo Sie zu Ende sind und ich anfange. Sowohl wir Menschen als auch der Planet Erde haben Grenzen, die wir nicht überschreiten können, ohne dass wir Gefahr laufen, unsere Fähigkeit zur Regeneration zu verlieren. InnSæi schließt all das ein, und wenn wir uns tief mit unserem InnSæi verbinden, verkörpern wir dieses Verständnis von uns selbst und unserer Stellung in der Welt. Es verändert die Art und Weise, wie wir handeln und uns in die Welt projizieren.

Ich hatte kein wirkliches Verständnis von InnSæi, ehe ich meine Träume verfolgt habe und in die große weite Welt hinausgegangen bin, wo ich einen Zusammenbruch erlitt. Ich verlor die Hoffnung und durchlebte großen Schmerz. Schließlich fand ich einen Weg, zu heilen und mich selbst neu zu entdecken. Damals mit Ende zwanzig, als ich meine dunkelsten Stunden durchlebte, hätte ich mir nicht träumen lassen, was dieser Schmerz in mir bewirken würde: dass er mich an Orte führen würde, an denen ich ganz bemerkenswerte Menschen kennenlernte, dass ich ein akademisches Programm entwickeln und an einem Dokumentarfilm zu InnSæi mitarbeiten würde, der weltweit gezeigt werden sollte. Ich hätte mir nicht träumen lassen, dass RuPaul sich auf Twitter zu unserem Film *InnSæi – Die Kraft der Intuition* (Originaltitel *InnSæi – the Sea Within*) äußern würde, dass Menschen sich InnSæi auf den Körper tätowieren lassen oder unglaubliche Kunstwerke erschaffen würden, die durch das innere Meer inspiriert sind.

Dieses Buch überspannt Jahrhunderte, und wir werden die Welt um uns herum neu entdecken, indem wir die Welt im Inneren würdigen und erkunden. Dieses Buch erzählt persönliche Geschichten aus aller Welt, unter anderem auch meine eigene, und es führt Wissen und Weisheit aus unterschiedlichen Kulturen, aus der Wissenschaft und den Künsten zusammen.

InnSæi kann schlafen, wenn wir es ignorieren oder versuchen, es zum Schweigen zu bringen; aber unser Leben hängt buchstäblich davon ab, dass wir uns mit ihm verbinden. Wenn wir mit InnSæi in Einklang kommen, aktivieren wir es. Meine Geschichte – wie ich vor die Wand gelaufen bin und die Hoffnung verloren habe – ist durchaus kein Einzelfall. Viele Menschen aus allen Teilen der Gesellschaft haben ähnliche Erfahrungen gemacht. Eine Zeit lang hatte ich das Gefühl, nichts um mich herum sei fest und sicher, und das Leben war unglaublich schwer, einsam, düster und hoffnungslos. Schließlich fand ich meinen Weg zurück zu mir selbst, in mein tiefes Inneres, an den einen wahrhaft sicheren Ort. Ich lernte, mich mit dem Universum in mir zu verbinden und mich darin zurechtzufinden, durch Körperübungen, durch tiefgehende Beschäftigung mit Wissenschaft, Philosophie, Literatur, alten Weisheitslehren, durchs Schreiben und durch einfache, aber regelmäßige Übungen.

Im Laufe der letzten zwanzig Jahre hat InnSæi mir den Mut gegeben, meinem inneren Kompass zu folgen, wohin auch immer er mich führen will. Dafür bin ich unsäglich dankbar. Beruflich hatte ich bis heute an die dreißig verschiedene Rollen inne. Ich war Filmemacherin, Beraterin, Dichterin, Statistikerin, Schulleiterin, Dramatikerin, Unternehmerin, Aktivistin, Träumerin, künstlerische Leiterin, Geschäftsführerin, Gründerin, Vorstandsvorsitzende und was noch alles. Aber die einzige Rolle, mit der ich mich wirklich identifiziere, ist, einfach ich selbst zu sein, Hrund, im Herzen Künstlerin, Visionärin und eine Verwirklicherin von Ideen. Ich könnte durchaus auch von mir sagen, dass ich eine Heilerin bin, eine Kriegerin des Lichts und eine Zauberin. Es kommt immer darauf an, wie ich mich am jeweiligen Tag fühle – darin liegt eine große Freiheit. Man kann die Welt auf vielerlei Arten sehen; hier stelle ich meine Sicht vor.

Dieses Buch richtet sich an diejenigen unter uns, die die innere Welt erkunden und in sie eintauchen wollen, um unser Gefühl der Zugehörigkeit zu vertiefen, unsere Beziehung zu uns selbst, zu anderen Menschen und dem Planeten Erde.

In Kapitel 1, «Was ist InnSæi?», betrachten wir die unterschiedlichen Definitionen von Intuition in verschiedenen Denkschulen, Kulturen und Fachrichtungen. Wir erkunden die kulturellen Ursprünge von InnSæi, was es wirklich bedeutet, wodurch es getrübt und blockiert wird und warum es für mich zum heiligen Gral wurde, mich mit ihm zu verbinden, um wieder auf die Beine zu kommen und mich neu zu orientieren. Ich erzähle von Momenten in meinem Leben und davon, wie ich aufgewachsen bin. Geschichten über die Lebenswege von Menschen mit unterschiedlichem Hintergrund vermitteln uns ein tieferes Verständnis von InnSæi. Wir entdecken, dass InnSæi auf der Grundlage von Erfahrung und Expertise die höchstmögliche menschliche Intelligenz hervorbringt. Wir werden sehen, dass ein einziges Wort uns die Welt völlig neu erschließen kann, wenn wir seine Bedeutung in unserem Leben wahrhaft verkörpern. InnSæi nimmt durch jeden Teil unseres Körpers Informationen auf, daher führt uns dieses Kapitel auch vor Augen, auf welch vielfältige Weise wir die Welt wahrnehmen können. Und es bereitet uns darauf vor, die Werkzeuge, Tipps und Übungen anzuwenden, die im Laufe des Buches vorgestellt werden.

In Kapitel 2, «Die heilende Kraft von InnSæi», werden wir erfahren, was es bedeutet, unsere Verbindung zu InnSæi zu verlieren und sie schließlich wiederzufinden. Wir alle machen in unserem Leben traumatische Erfahrungen durch.

Ganz gleich, ob die Prüfungen groß oder klein sind, es sind *unsere* Erfahrungen, und sie prägen uns. Dieses Kapitel zeigt uns, wie wir aus schmerzlichen Erfahrungen als stärkere, mitfühlendere, weisere Menschen hervorgehen können. Ich teile meine eigene Geschichte darüber, wie die Dunkelheit mich zwang, den Blick nach innen zu richten, da ich nicht wusste, wohin ich mich sonst hätte wenden können. Es dauerte einige Zeit, bis ich aus dieser Dunkelheit wieder herausfand, und ich wusste nicht, ob ich lediglich überleben oder jemals wieder wirklich lebendig sein würde.

Wir können uns den Schmerz zum Freund machen. Das veranschaulicht der Mythos von Inanna, der alten mesopotamischen Göttin des Lebens und des Todes. Ihre Geschichte lehrt uns, wie Schmerz uns zu mehr Menschlichkeit und Weisheit verhelfen kann. Man kann es sich bildlich wie bei einem Gletscher vorstellen: Entweder friert unser Schmerz in uns ein, oder es gelingt uns, ihn anzunehmen, zu vergeben und loszulassen, dann schmilzt er und verflüchtigt sich. Die Verbindung zu InnSæi wiederzufinden, hat die Art und Weise verändert, wie ich die Dinge wahrnehme, und es hat mir geholfen, lebensverändernde Entscheidungen zu treffen. Mithilfe von InnSæi habe ich verstanden: Wenn wir die Welt als fragmentiert, bürokratisch und von Rastern bestimmt wahrnehmen, fängt sie an, sich auch so anzufühlen. Statt in dieser geteilten Welt zu bleiben, wollte ich mich wieder mit meinem Inneren verbinden, mit Menschen und der Welt um mich herum in Kontakt sein, präsent, mutig und großzügig im Geist. Dieses Kapitel stellt auch Erkenntnisse von Menschen vor, die rausgefunden haben, dass sie ihre eigenen Heiler sind;

je mehr wir uns mit unserem Inneren verbinden und unsere innere Welt heilen, umso besser können wir zur Welt um uns herum in Beziehung treten und umso mehr können wir in ihr erreichen.

In Kapitel 3, «Das innere Meer», tauchen wir in unsere grenzenlose und dynamische innere Welt ein, die ständig im Fluss ist und uns hilft, neue Verbindungen zu knüpfen. Der Ozean ist die älteste Metapher für Bewusstsein; und auch wenn unser Wissen über beides ziemlich beschränkt ist, so ist doch klar, dass sie vieles gemeinsam haben. Das hilft dabei, das innere Meer zu verstehen und den Zugang zu ihm zu finden. Manchmal gelingt es am besten, unser InnSæi zu aktivieren und mit ihm in Einklang zu kommen, wenn wir uns so in eine Tätigkeit vertiefen, dass wir ganz darin aufgehen, die Zeit vergessen und in einen Flow geraten.

Die Welt, in der wir leben, ist komplex, in schnellem Wandel und nicht linear. Sie hat – bildlich gesprochen – viel mit dem Ozean gemeinsam, der 70 Prozent der Erdoberfläche bedeckt. Ungewissheit ist die einzige Konstante, und die Unwägbarkeiten von Gezeiten und Wellen fordern uns heraus, uns bewusst zu machen, wohin wir wollen und wie wir dorthin gelangen können. Die beste Möglichkeit, auf dem Ozean des Lebens zu navigieren, ist, sich mit dem inneren Meer vertraut zu machen. Wir müssen den Kopf über Wasser halten, um nicht zu ertrinken, und dann müssen wir entscheiden, welche Richtung wir einschlagen. Selbstbewusstheit und emotionale Intelligenz sind wichtig, beide helfen uns, mit anderen in Beziehung zu treten und Zugang zu unserem InnSæi zu erlangen. Das Wort *Emotion* ist von dem lateinischen Verb für «bewegen, aufwühlen oder erregen» abgeleitet. Lassen Sie sich vom Ozean bewegen, aufwühlen und erregen, aber gehen Sie nicht darin unter. *Seien* Sie nicht das Meer – *navigieren* Sie auf ihm. Wir benötigen navigatorische Fähigkeiten, aber wir müssen uns beim Navigieren von unserem inneren Kompass leiten lassen. Sonst laufen wir Gefahr, auszubrennen, die Orientierung zu verlieren, uns ausgelaugt und erschöpft zu fühlen und die Werte anderer zu leben statt unserer eigenen.

Die letzten zwei Kapitel erklären, wie wir InnSæi für uns nutzbar machen und es praktisch anwenden können. In Kapitel 4, «Nach innen sehen», richten wir das Augenmerk auf die Welt in uns, erkunden ihre schönen und mitunter chaotischen Landschaften und lernen, durch die zahlreichen Filter in uns und um uns herum zu sehen. Zu diesen zählen die Ängste, Wünsche und Vorurteile, die unsere Verbindung mit InnSæi blockieren und verfälschen können. Wir vertiefen weiter unser Verständnis von Aufmerksamkeit, wie sie uns den Zugang zu InnSæi ermöglicht und eine Grundlage dafür bildet, einen Paradigmenwechsel in Gang zu setzen, der im Inneren beginnt. Dieses Kapitel betrachtet unsere Aufmerksamkeit als ein extrem knappes und kostbares Gut auf einem Billionen-Dollar-Markt. Es ist wichtig, dass wir uns bewusst machen und steuern, wie wir die Welt wahrnehmen – denn unsere Eindrücke wirken auf unser InnSæi. Sonst können Marktkräfte unsere Aufmerksamkeit kapern und unsere Wahrnehmung, unsere Gedanken und unser Handeln verzerren. Dieses Kapitel umreißt die verschiedenen Arten, wie wir die Welt wahrnehmen können, und es stellt fünf Rituale vor, die uns helfen sollen, den Weg zu InnSæi freizumachen, achtsamer damit umzugehen, unsere schöpferische Kraft zu aktivieren und uns der Welt um uns herum zu öffnen.

Kapitel 5 schließlich, «Von innen heraus sehen», führt vieles von dem zusammen, was wir in den vorangegangenen Kapiteln besprochen haben. Es stellt einen Ansatz vor, der uns hilft, InnSæi in unserem Leben praktisch anzuwenden. Ich nenne dieses moderne Navigationswerkzeug «zwei Rhythmen und ein starker innerer Kompass». Der menschliche Geist hat sein eigenes Kreislaufsystem, das sich laufend erneuern und weiterentwickeln muss. Wir wissen auch, dass InnSæi verkörpert, also im Körper beheimatet ist, und seine eigenen rhythmischen Strömungen hat. Je besser wir uns diese natürlichen Rhythmen nutzbar machen, umso kreativer, intelligenter und geerdeter können wir werden.

Deshalb erkunden wir in diesem Kapitel, wie wir im Wechselspiel der beiden scheinbar gegensätzlichen Rhythmen funktionieren – des Kreativen und des Rationalen, des Intuitiven und des Analytischen, des Subjektiven, Erfahrenen und Erspürten gegenüber dem Berechneten, Geplanten und Organisierten. Wenn wir diese beiden Rhythmen in ein Gleichgewicht bringen können, erreichen wir ein Höchstmaß an Intelligenz, Wohlbefinden, Vorstellungskraft und Einfühlung. Die beiden Rhythmen und ein starker innerer Kompass befähigen uns, in Einklang mit unserem dynamischen InnSæi zu bleiben und es zu stärken, unsere Energie und unseren Geist laufend zu regenerieren und unser Herz offen zu halten, während wir auf unserem inneren Ozean durch Stürme und Flauten navigieren. In diesem Kapitel vertiefen wir die

Frage, wie wir einen Flow-Zustand zu einem Bestandteil unseres täglichen Lebens machen können. Wir erfahren, dass ein Gefühl der Ehrfurcht von unschätzbarem Wert ist, wenn es darum geht, unsere Denkmuster zu verändern und großzügiger, kreativer und zugewandter zu werden.

Unsere Generationen stehen vor gewaltigen Herausforderungen, die nicht nur menschengemachte Grenzen und jede Art von Rastern überschreiten, sondern ganz konkret unser Leben auf der Erde bedrohen. Nie zuvor benötigten wir so dringend menschliche Superkräfte wie Kreativität, Empathie, Toleranz und geistige Offenheit. Nie zuvor brauchten wir die lebhafte Vorstellungskraft so vieler, um eine nachhaltige Zukunft für uns alle zu schaffen. Diese Superkräfte sind dadurch bedroht, dass wir heutzutage rationales Denken und Algorithmen allzu sehr in den Vordergrund stellen, ständig mit Informationen, Ablenkungen und Verunsicherung überflutet werden und immer mehr an Burn-out, Ängsten und Stress leiden. Unsere größte Hoffnung auf eine bessere Zukunft liegt darin, unseren Schwerpunkt zu verlagern und uns stärker mit uns selbst, mit anderen Lebewesen und mit der Natur zu verbinden.

Manche Menschen denken, sie gehören der Welt, während andere denken, die Welt gehört ihnen. Aber die Welt war schon lange vor uns da, und wir müssen verhindern, dass unsere Kräfte unsere Weisheit übersteigen und unseren Fortbestand bedrohen. Wir haben heute Zugang zu Technologie und wissenschaftlichen Möglichkeiten, von denen wir früher nicht zu träumen gewagt hätten, aber wir müssen das kostbare Gleichgewicht zwischen innerer und äußerer Welt und die existenzielle Verbindung zwischen uns und der Natur wiederherstellen.

Wir neigen dazu, uns von Dingen außerhalb von uns abhängig zu machen und ihnen einen hohen Stellenwert beizumessen. Aber je mehr wir Äußeres in den Vordergrund rücken, umso mehr leben wir im Kopf und nicht als ganze Menschen. Wir müssen uns darauf besinnen, dass Technologie und Wissenschaft Mittel zum Zweck sind, und dieser Zweck sollte sein, dass die Ökosysteme und alle Lebewesen (uns Menschen eingeschlossen) gedeihen. Wenn wir die Verbindung zur Natur verlieren, sind wir nicht mehr inspiriert, wir existieren nur noch und nehmen weniger Anteil. Darum ist es so wichtig, in Kontakt mit InnSæi zu sein. Es erfüllt uns mit Licht und befähigt uns, aus dem Chaos einen Kosmos zu erschaffen, indem wir uns auf die Frequenz unserer Seele einstimmen.

InnSæi hilft uns dabei, uns im Geiste der alten polynesischen Seefahrer ins Unbekannte vorzuwagen – zu sehen, was wir normalerweise nicht sehen können, und zu hören, was wir normalerweise nicht hören können. Ich habe dieses Buch geschrieben, weil ich glaube, dass InnSæi eine dringend benötigte Superkraft ist in einer Welt, in der wir vielfältige Anforderungen an uns selbst stellen, in der das Leben sich unglaublich rasant, intensiv und belastend anfühlen kann und in der – angesichts des Zustands, in dem unser Heimatplanet sich befindet – niemand wissen kann, was die Zukunft bringen wird. Sowohl der Planet als auch die Menschheit brauchen jetzt einen anderen, menschlicheren, ökozentrischen (anstatt egozentrischen) Kompass, um in die kommenden

Jahre zu navigieren. Die Veränderung, die wir in der Welt sehen wollen, beginnt in uns. Systeme haben keinen eigenen Geist – wahre Veränderung geht von Individuen und Gruppen aus. Ich bin überzeugt, dass InnSæi eine treibende Kraft hin zu einer florierenden Welt und größerem Wohlergehen sein kann, sowohl für den Einzelnen als auch für die Gemeinschaft als Ganzes.

*Die Kunst des InnSæi* soll Sie ermutigen, in die wunderbare innere Welt einzutauchen, um sich für die Welt um Sie herum zu öffnen.

KAPITEL 1

# Was ist InnSæi?

> Intuition ist eine fantastische Bibliothek, die jeder Mensch in sich trägt. Wir haben die Fähigkeit, diese Bibliothek zu nutzen. Wir können fließend darin lesen. Werden wir die Informationen dafür nutzen, die weisesten Entscheidungen zu treffen, zu denen wir fähig sind, und nicht nur die cleversten?
>
> *Daniel Shapiro, Autor und Direktor des Harvard International Negotiation Program*

Intuition – oder InnSæi – war der Schlüssel zu meiner Reise zurück zu mir selbst und von da hinaus in die Welt, wo ich mich zugehörig, verbunden und im Einklang fühlte. InnSæi existiert in allen Menschen, aber Sie würden staunen, wenn Sie wüssten, wie unterschiedlich wir es betrachten, abhängig von unserer Sprache, Fachrichtung und Denkschule.

Das Cambridge Dictionary definiert Intuition als «eine Fähigkeit, etwas unmittelbar zu verstehen oder zu wissen, eher gefühls- als faktenbasiert». Wir alle kennen dieses Gefühl, instinktiv zu wissen, dass etwas nicht stimmt, oder auch die innere Gewissheit, dass alles in Ordnung ist. Es ist ein Bauchgefühl, ein Instinkt – Malcolm Gladwell nennt es in seinem Buch *Blink!* (2005) die Kraft des «Denkens ohne Denken».

In den letzten Jahren wurde viel über Intuition geforscht und geschrieben, und unterschiedliche Ideen und Theorien haben sich herausgebildet. Manche Forschende sehen Intuition als psychologisches und spirituelles Konzept, den Rückgriff auf ein angeborenes, unbewusstes Wissen. Die entgegengesetzte Extremposition betrachtet Intuition als den Schlüssel zu intellektuellem Genie oder dessen Gegenteil – einen irrationalen Impuls, auf den wir uns nicht verlassen sollten.

Ich selbst habe mich mehr als zwei Jahrzehnte lang wissenschaftlich wie auch praktisch mit diesem Thema beschäftigt und mit Menschen in aller Welt Gespräche über Intuition geführt, meist auf Englisch. Am Ende hatte ich das Gefühl, das isländische Wort für Intuition, InnSæi, mit ganz neuen Augen zu betrachten. Endlich war ich in der Lage, seine Bedeutung zu *verkörpern*, und auf einmal ergab alles einen Sinn. InnSæi ist ein poetisches Wort, verwurzelt in den Naturgewalten. Es beschreibt ein tiefes, angeborenes Gefühl der Intuition, das uns mit uns selbst, miteinander und mit der Welt um uns herum verbindet. Es gibt viele Ansätze, die Welt zu erklären – in diesem Buch beschäftigen wir uns damit, wie man es unter dem Blickwinkel von InnSæi tun kann.

- ⋆ Einklang bedeutet, dass Körper, Geist und Seele harmonisiert sind und Sie Zugang zu Ihrem InnSæi haben.
- ⋆ Sie fühlen sich in sich selbst geerdet und navigieren nach Ihrem eigenen inneren Kompass.
- ⋆ Im Einklang zu sein, versetzt Sie in die Lage, mühelos zu handeln – was auch ein Selbstzweck sein kann.

★ Wenn Sie mit einer bestimmten Rolle, Tätigkeit oder Entwicklung im Einklang sind, fühlt es sich an, als ob sich alles so ergibt und fügt, wie es sollte.

**Führen Sie ein Tagebuch**

**Ihr Tagebuch sollte stets zur Hand sein. Sie werden es brauchen, um hineinzuschreiben und um sich frühere Einträge noch einmal anzuschauen, während Sie dieses Buch lesen und die verschiedenen Übungen ausprobieren.**

## Die dreifache Bedeutung von InnSæi

Das moderne Isländisch geht auf das Altnordische zurück, die Sprache der Wikinger. Zwar hat sich das Isländische, wie andere Sprachen auch, mit der Zeit verändert und weiterentwickelt, aber Menschen in Island sind auch heute noch in der Lage, die ältesten erhaltenen Texte zu lesen, die im 12. und 13. Jahrhundert geschrieben wurden. Im Isländischen übernehmen wir keine Fremdwörter (wie *Computer* oder *Smartphone*), und wir konstruieren auch keine Entsprechungen auf der Grundlage der isländischen Phonetik, wie andere Sprachen es tun. Stattdessen kreieren wir für neue Ideen oder technische Innovationen neue Wörter, und diese Wörter beschreiben meist die Funktion der betreffenden Sache oder Idee. Zum Beispiel heißt Computer auf Isländisch *tölva*.

Dieses Wort wurde 1965 von dem isländischen Gelehrten, Schriftsteller und Botschafter Sigurdur Nordal geprägt, zusammengesetzt aus *tala* (das bedeutet «Zahl») und *völva* (das bedeutet «Prophetin»). Eine *völva* ist im Altnordischen und Isländischen eine Schamanin oder Seherin – eine Frau, die in die Zukunft blicken kann –, und die weibliche Seherin ist ein wiederkehrendes Motiv in der nordischen Mythologie. «Isländisch ist daher eine relativ transparente Sprache, anders als viele andere Sprachen», sagt Gudrun Nordal, Leiterin des Árni-Magnússon-Instituts für Islandstudien und Enkelin des verstorbenen Sigurdur Nordal.

Während das Wort Intuition in englischen Texten erstmals um das 15. Jahrhundert auftauchte und im Deutschen im 18. Jahrhundert in Gebrauch kam, fand InnSæi erst im frühen 20. Jahrhundert Eingang in die isländische Schriftsprache. Erste Belege finden sich etwa in einem Buch von der Theosophin Annie Besant, aus dem Englischen übersetzt von Sigurður Kristófer Pétursson veröffentlicht 1916 unter dem Titel *Lífsstiginn*.

Um die Bedeutung des Wortes InnSæi zu entschlüsseln, muss man sich anschauen, wie es zusammengesetzt ist. Darum verwende ich die Schreibweise InnSæi (gesprochen «Insai-eh») mit großem I und großem S. Wenn Sie das Wort in einem isländischen Wörterbuch nachschlagen, werden Sie es allerdings ganz in Kleinbuchstaben geschrieben finden: innsæi.

Wie bereits in der Einleitung erwähnt, hat InnSæi eine dreifache, poetische Bedeutung. Es vereint zwei Wörter in sich: *Inn* (das heißt «in», «innen» oder «hinein») und *Sæi* (abgeleitet von dem Verb für «sehen», allerdings klingt darin auch *sær* an, das Wort für «Meer»). Kurz gesagt, ist InnSæi unser innerer Guide, die Stimme unserer Seele, und in Gebieten, in denen wir uns auskennen, kann es uns zu intellektuellen Höchstleistungen verhelfen.

*Das innere Meer* beschwört die grenzenlose Natur unserer inneren Welt herauf. Sie ist ständig in Bewegung und knüpft immer neue Verbindungen. Sie übersteigt alle Worte. Sie ist eine Welt der Vision, der Gefühle und der Imagination. In ihr sind die Unterströmungen sich abzeichnender Richtungen im Leben beheimatet, ein Gefühl des Einklangs, und hier regen sich Instinkte zu wichtigen Entscheidungen, noch ehe wir sie in Worte fassen können. Das innere Meer kann man nicht in Raster und Schubladen pressen, denn dann hört es auf zu fließen.

*Nach innen sehen* bedeutet, in sich hineinzuschauen – sich selbst gut genug zu kennen, um die eigene Kreativität zu erkennen, die eigenen inneren Überzeugungen und die eigene Menschlichkeit. Dazu gehören Makel und Schwächen ebenso wie Stärken, Vorurteile, Ängste und Verletzlichkeiten. Wenn Sie nach innen sehen, sind Sie in höherem Maße fähig, Empathie zu empfinden, Ihre Wahrheit auszusprechen und ein authentisches Leben zu führen.

*Von innen heraus sehen* schließlich bedeutet, dem inneren Kompass zu folgen. Sie sind bewusst in der Welt präsent, und Ihr Herz, Rückgrat, Kopf und Bauch sind im Einklang. In einer Welt voller Unsicherheit, Möglichkeiten, Schnelligkeit und unablässiger Versuche, unsere Sinne zu betäuben und unsere Aufmerksamkeit zu kapern, verhilft ein starker innerer Kompass Ihnen zu Klarheit, Fokus und Resilienz. Er befähigt Sie, besser auf Ihrem ganz eigenen Weg über den Ozean des Lebens zu navigieren.

## Meine Wurzeln

Ich bin in Island aufgewachsen, und auch wenn wir InnSæi nicht oft beim Namen nannten, war es doch irgendwie immer da, es lag in der Luft und regte meine Vorstellungskraft an. Als Kind verbrachte ich viel Zeit in der freien Natur, erkundete die Lavafelder in der Nähe meines Elternhauses oder lief vor den Trollen davon, die in meiner Fantasie hinter mir her waren und mich von meiner Familie entführen wollten. Ich streifte stundenlang umher und verlor dabei jedes Zeitgefühl.

Als sechsköpfige Familie reisten wir in den Sommermonaten durch Island, machten Camping oder unternahmen Tagesausflüge, wann immer wir die Gelegenheit hatten und das Wetter es zuließ. Ich erinnere mich, dass ich schon früh allein nach Hause ging, etwa mit sechs Jahren. An Winterabenden, nach einem langen Tag mit meinen Freundinnen, fürchtete ich mich nie vor der Dunkelheit. Wenn ich mich in den Schnee legte und in den Nachthimmel voller Sterne hinaufblickte, fühlte ich mich in der großen weiten Welt dort draußen so richtig zu Hause. In meiner Fantasie unterhielt ich mich mit den Sternen und erlebte mit ihnen Momente der Gemeinsamkeit.

Meine Mutter ist Künstlerin, und sie brachte sich schon früh selbst das Klavierspielen bei. Später, in den Vierzigern, absolvierte sie ein Kunststudium und gründete mit vier anderen Künstlerinnen zusammen eine Galerie. Sie erfüllte das Haus mit ihrer wunderschönen Musik, wenn sie auf dem weißen Klavier im Wohnzimmer spielte, wann immer ihr voller Terminplan es zuließ. Meine Geschwister und ich zeichneten oder malten währenddessen, nähten oder werkelten im Haus, und manchmal blieben wir noch lange auf, wenn eigentlich schon Schlafenszeit war.

Bevor ich überhaupt schreiben konnte, tippte ich schon auf der alten Schreibmaschine meiner Großmutter und tat, als schriebe ich kleine Geschichten. Mit acht Jahren verkündete ich, dass ich plante, mein erstes Buch zu veröffentlichen. Ich wusste, wie es aussehen sollte – mit braunem Ledereinband –, von der Handlung hatte ich allerdings keine so genaue Vorstellung. Manchmal machten meine Geschwister sich über mich lustig, und das verletzte mich tief, so tief, dass ich mich manchmal für gefühlte Stunden in meinem Zimmer einschloss und mit niemandem redete außer mit meiner Mutter. Sie behütete meine Fantasie, indem sie sich meine Ideen anhörte und sie ernst nahm.

Im Alter von neun Jahren gründete ich zusammen mit meiner Freundin Edda eine Firma. Wir gaben ihr den Namen «le Crabe», weil wir einen Stapel Aufkleber mit einer weißen Krabbe auf rotem Grund und dem Schriftzug *le Crabe* gefunden hatten. Mein Vater schenkte uns ein altes Scheckbuch, das unserem Unternehmen den Anschein großer Ernsthaftigkeit verlieh. In Wirklichkeit taten wir nichts anderes, als

Briefe mit mehr als hundert Brieffreundinnen und -freunden in aller Welt auszutauschen. Wenn wir mal einen Tag keine Briefe erhielten, dachten wir, es müsse ein Fehler bei der Zustellung passiert sein. Wir marschierten dann zusammen zum Postamt und baten, noch einmal nachzuschauen, ob für uns nicht doch Briefe gekommen waren.

Als ich etwa zehn war, fragte ich meinen Vater, ob ich mir in seiner Reifenfirma ein Büro einrichten dürfe – das schien mir der nächste logische Schritt zu sein. Er lehnte meine Bitte höflich ab und gab sich alle Mühe, mich nicht auszulachen. Dad hatte zwei unserer Häuser gebaut und zusammen mit meinem Großvater ein Unternehmen aufgebaut, das er jahrzehntelang leitete. Er spielte Handball und war in den 1970ern Kapitän der Nationalmannschaft. Später wurde er für das Golf-Nationalteam der Senioren ausgewählt. Kurz gesagt, ich bin mit Eltern aufgewachsen, deren breit gestreute Fähigkeiten und Leidenschaften die Gebiete Sport, Kunst und Unternehmertum abdeckten – lauter Bereiche, die Vorstellungskraft, Kreativität und Tausende Stunden Training und Praxis erfordern. Ich habe drei Geschwister, und bei uns zu Hause wurde viel davon gesprochen, wie wichtig harte Arbeit ist. Uns allen wurde die felsenfeste Überzeugung eingeimpft, dass wir alles erreichen könnten, wenn wir es wirklich wollten.

## Das Wort InnSæi ist ein eigenes Universum

Wörter sind wichtig. Wie jedes Individuum ein eigenes Universum ist, so auch jedes Wort. Ich finde es wunderbar, wie Wörter uns helfen, Bedeutung einzufangen. Wir benutzen Wörter, um zu verarbeiten und einzuordnen, was wir wahrnehmen, erfahren oder uns vorstellen. Sie entstehen durch Hinweise, die wir sehen, wenn wir aufmerksam hinschauen. Wir erschaffen Wörter, um die Welt, wie wir sie erfahren, zu beschreiben – und es gibt so vieles auszudrücken.

Dem, was wir fühlen und empfinden, Wörter zuzuordnen, kann Tage, Wochen oder Jahre dauern, und doch entsteht laut Global Language Monitor alle 98 Minuten ein neues Wort. Das macht 5400 neue Wörter pro Jahr. InnSæi ist ein poetisches Wort, das Einblicke in die Strömungen und Gezeiten des Meeres in unserem Inneren bietet, darin, wie wir uns mit ihm, miteinander und mit der Natur verbinden. Es trägt der Tatsache Rechnung, dass Komplexität und Einfachheit nebeneinander existieren und alles miteinander verbunden ist, und hilft uns, die Welt so zu sehen.

Seit Jahrhunderten wird die komplexe Vernetzung lebender Systeme aus wissenschaftlicher, philosophischer und spiritueller Sicht erklärt. Diese Vernetzung geht oft über das hinaus, was wir mit bloßem Auge sehen oder messen können. Zum Beispiel können wir komplexe natürliche Systeme – wie den Amazonasregenwald, Beziehungen, den menschlichen Körper oder Geist – nicht auseinandernehmen, wieder zusammensetzen und erwarten, dass sie genauso funktionieren wie vorher. Im Gegensatz dazu können wir eine komplizierte technische Struktur wie ein Auto oder eine Maschine durchaus zerlegen und wieder zusammensetzen. Wenn wir mit unserem InnSæi navigieren, gewinnen wir ein umfassenderes Verständnis des gewaltigen Unterschieds zwischen Maschinen und der Natur.

## InnSæi verbindet uralte Weisheit und moderne Wissenschaft

Ob wir in uralte spirituelle oder philosophische Traditionen eintauchen oder in die moderne Quantenphysik, wir gewinnen ein tieferes Verständnis davon, wie alles miteinander verbunden ist. Wenn Dinge miteinander in Beziehung treten und auf etwas anderes wirken, fangen sie eigentlich erst richtig an zu existieren – erst dann werden sie wirklich lebendig. Das unterscheidet sich stark vom abstrakteren, von Rasterdenken bestimmten Blick auf die Realität, dem wir gewöhnlich im Bildungswesen und im Berufsleben begegnen. Wie wir die zahllosen Punkte miteinander verbinden, hängt sehr stark von unserem InnSæi ab. Lassen Sie uns ein paar Beispiele betrachten.

Ich wurde als Kind in der Schule schon früh mit dem Heidentum vertraut gemacht. Es lehrte mich, dass wir Menschen integraler Bestandteil des Ökosystems sind; dass Menschen Teil der Natur sind, ebenso wie andere Tiere, Bäume, Steine, Pflanzen und überhaupt alles auf dieser Erde. Mit anderen Worten, die Art und Weise, wie wir mit dem Ökosystem interagieren, trägt dazu bei, unser Leben zu erschaffen und zu formen.

Das Heidentum gewann für mich an noch stärkerem Zauber, als ein Lehrer uns erzählte, wenn wir allein in der Natur unsere Wünsche oder Gedanken laut aussprächen, würde ein Stein uns hören. Und der Stein würde es einem Vogel erzählen und der Vogel einem Baum. Wir könnten uns kaum vorstellen, wie vielen Vögeln der Baum mit all seinen Zweigen und Tausenden Blättern es weitererzählen werde, sodass ein Welleneffekt entstünde, der unsere kühnsten Träume überstiege. Auf diese Weise transformiere die natürliche Welt unsere Gedanken und Wünsche zu Realität.

Allerdings bereitete mir diese Vorstellung ein wenig Sorge, denn all das bedeutete, dass ich gut auf meine Gedanken, meine Ängste, Hoffnungen und Wünsche achtgeben musste – schließlich würden sie alle Wirklichkeit werden. Ein altes Sprichwort sagt: «Bedenke deine Wünsche, achte auf deine Gedanken.» Die alte heidnische Religion lehrte mich früh, dass meine Gedanken und Überzeugungen Wörter prägen und Wörter meine Erfahrungen ausdrücken. Wenn man sie zusammenfügt, entstehen aus Wörtern Geschichten, aus Geschichten entstehen Narrative, und Narrative prägen die Menschheitsgeschichte.

Diese Ideen klingen auch bei Yuval Noah Harari an, einem einflussreichen Historiker des 21. Jahrhunderts. In seinem bahnbrechenden Buch *Eine kurze Geschichte der Menschheit* (Original 2011 erschienen) legt er dar, dass das Erzählen von Geschichten Zivilisationen prägt. Laut Harari ermöglicht das Geschichtenerzählen uns nicht nur, uns Dinge vorzustellen

### Fangen Sie Ihre Gedanken ein

Laut einer Studie, die an der Queen's University in Kanada durchgeführt wurde, haben Menschen rund 6,5 Gedanken pro Minute, also etwa 6000 am Tag, wenn man davon ausgeht, dass wir acht Stunden lang schlafen (und wenn man die Gedanken, die wir im Schlaf haben, nicht mitzählt).

- Wir haben oft eine Menge geistiges «Rauschen», Gedanken, die uns durch den Kopf geistern und auf die wir meist nicht weiter achten. Wenn Sie anfangen, Ihre Gedanken bewusst zu beobachten und aufzuschreiben, ist das ein guter erster Schritt hin zu geistiger Klarheit, die Ihnen hilft, Zugang zu InnSæi zu erlangen.
- Versuchen Sie, Ihre Gedanken in Ihrem Tagebuch zu notieren. Denken Sie nicht darüber nach – schreiben Sie sie einfach nur auf. Es ist nicht nötig, sie detailliert zu beschreiben.

und sie zu rationalisieren, sondern auch, das *kollektiv* zu tun. Auf individueller Ebene bestimmen unsere Gedanken und Überzeugungen, wer wir werden. Wenn wir *kollektiv* an ein Narrativ glauben, prägt diese Geschichte unsere Welt. In der heutigen Welt, in der mächtige Marktkräfte eigens darauf ausgelegt sind, unsere Aufmerksamkeit zu kapern, müssen wir entschlossener denn je darauf achten, die Kontrolle über unseren Geist und das Narrativ, nach dem wir leben, zu bewahren.

Spuren der heidnischen Weltanschauung können wir auch in der Quantenphysik finden, die einer unserer erfolgreichsten Ansätze ist, die Welt um uns herum zu erklären. Die Quantentheorie hat Klarheit in die Struktur der Periodentafel der Elemente gebracht, in die Funktion der Sonne, die Farbe des Himmels, die Entstehung von Galaxien und vieles mehr. Auf der Grundlage dieser Theorie konnten wir viele neue Technologien entwickeln, von Computern bis hin zu Lasern.

Das Faszinierende an der Quantentheorie ist, dass sie die Wirklichkeit nicht mittels einzelner Teilchen oder Einheiten erklärt, sondern durch die Beziehungen und Wechselwirkungen zwischen ihnen. Allerdings konnten viele physikalische Systeme bisher nicht durch die Quantentheorie erklärt werden. Das ist eine große Herausforderung für zahlreiche Wissenschaftler, die glauben, was wir nicht messen können, existiere nicht. Laut Carlo Rovelli, Physikprofessor und Autor von *Helgoland: Wie die Quantentheorie unsere Welt verändert* (2021), ist Wirklichkeit das, was passiert, wenn Teilchen sich berühren und sich miteinander verbinden. In der Zeitschrift *The Guardian* schreibt Rovelli: «Vielleicht enthüllt sie [d.h. die Quantentheorie] uns wirklich die tiefe Struktur der Realität, wo eine Eigenschaft nichts weiter ist als etwas, das auf etwas anderes wirkt. Vielleicht sind ‹Eigenschaften› genau das: die Effekte von Interaktionen. Eine gute wissenschaftliche Theorie sollte sich deshalb nicht damit beschäftigen, wie die

Dinge ‹sind› oder was sie ‹tun›, sondern damit, wie sie aufeinander wirken.»

Diese Art, die Welt zu erklären und zu sehen, findet sich sowohl in östlichen als auch in westlichen Traditionen wieder, wie Rovelli im *Guardian* schreibt. Der alte griechische Philosoph Platon und der buddhistische Philosoph Nagarjuna schrieben schon vor über 2000 Jahren, die Definition von Sein sei einfach Tun. Mit anderen Worten, wenn etwas auf etwas anderes wirken kann, heißt das, es existiert.

Menschen, die bewusst mit InnSæi im Einklang sind, verstehen, dass Wissen, Erfahrung, Reize und Emotionen in uns auf unterschiedlichste Arten aufeinandertreffen, sich miteinander verbinden und sich zu Mustern zusammenfügen. Durch diese vielfältige Interaktion mit der Welt um uns herum bildet sich ein «Wissen» heraus. Wir können nicht genau erklären, wie das geschieht, aber mit Übung und Erfahrung lernen wir, den unerklärten Teil des Prozesses zu akzeptieren, indem wir unser InnSæi in zunehmendem Maße nutzbar machen und auf es vertrauen. InnSæi wird unser innerer Kompass, es befähigt uns, in den Begriffen von Ökosystemen zu denken und diese Denkweise zu verinnerlichen. Das ist dringend nötig, wenn wir eine lebendige Zukunft für uns selbst und den Planeten gestalten wollen. Wenn wir uns auf unsere natürliche Fähigkeit besinnen, nach unserem InnSæi zu navigieren, verändert sich die Art und Weise, wie wir mit uns selbst, anderen Lebewesen und der Erde in Beziehung stehen. Wir rücken dann nicht länger das von Rastern bestimmte, unbeseelte, abstrakte und quantifizierbare Denken übermäßig in den Vordergrund, sondern finden stattdessen zu einer beseelteren, ganzheitlichen und sinnlichen Interaktion mit der Realität. Wenn wir ein Gleichgewicht zwischen dem Abstrakten und Rationalen einerseits und der inneren Welt des InnSæi andererseits finden, sind wir besser in der Lage, in unserer dynamischen, ständig in Entwicklung befindlichen Welt stabil, klug und innovativ zu navigieren. Das steigert unsere Fähigkeit, logisch zu denken und unsere Vorstellungskraft zu gebrauchen, um die Menschheit und den Planeten voranzubringen.

Wir alle haben InnSæi; es gehört zum Menschsein und zum Leben dazu, unabhängig von Alter, Geschlecht und Herkunft. InnSæi ist immer da, in uns drin, und es schärft unseren inneren Kompass, wenn wir uns entschließen, ihm zu folgen. Es liegt an uns, es zu aktivieren, uns mit ihm zu verbinden und es regelmäßig upzudaten.

Der Trick besteht darin, unsere Aufmerksamkeit so zu schulen, dass wir die Entwicklung wahrnehmen, bevor eine Idee, Fähigkeit, ein «Wissen», eine Vision, Entscheidung, Richtung oder ein Gefühl Gestalt annehmen. Auf einer persönlichen Ebene nutzen wir unser InnSæi, wenn wir Entscheidungen treffen, mit anderen Menschen kommunizieren oder uns verlieben. Wir gehen Risiken ein, wenn wir uns entschließen, jemandem zu vertrauen oder uns auf der Basis von InnSæi auf etwas Unbekanntes einzulassen, das unser Leben grundlegend verändern wird. Auf beruflicher Ebene entwickeln wir vielleicht bestimmte Fähigkeiten oder erbringen auf einem bestimmten Gebiet sogar herausragende Leistungen – dann verbinden wir InnSæi mit Vernunft und analytischem Denken. Wir lernen allmählich, wann es besser ist, die Dinge auf uns wirken und in uns arbeiten zu lassen, und wann wir bewusst überlegen und handeln sollten. InnSæi nutzt die 95 bis 99 Prozent unseres Bewusstseins, die außerhalb unserer fokussierten Aufmerksamkeit liegen. Unsere fokussierte Aufmerksamkeit kann nur etwa ein bis fünf Prozent aller Informationen aufnehmen, die auf uns einströmen. Wenn wir uns bewusst werden, dass wir die Welt nicht nur mit dem Kopf, sondern mit unserem ganzen Sein und allen Sinnen wahrnehmen, können wir anfangen, InnSæi zu verkörpern. Um deutlich zu machen, wie ich das meine, erzähle ich im Folgenden von meiner Mutter, einem BMX-Fahrer, einem ehemaligen Kampfpiloten im Irak und einem französischen Pferdetrainer und von den unterschiedlichen Arten, wie sie alle ihr InnSæi nutzen.

## Musik und Flow

Meine Mutter war eine autodidaktische Pianistin, und sie konnte auf Wunsch jeden aktuellen Song und jedes klassische Musikstück nach Gehör nachspielen. Sie setzte sich dann einfach hin und spielte – und wurde eins mit dem Klavier. Diese Fähigkeit war nicht über Nacht gekommen, sie hatte viel Übung und Hingabe erfordert. So funktioniert geschulte Intuition oder InnSæi, erklärt Gerd Gigerenzer, Psychologe, Autor und ehemaliger Direktor am Max-Planck-Institut: «Man übt bewusst, und dann verlagert sich das Üben in einen anderen Bereich, das Unbewusste.» Man übt jede Note stundenlang, aber die Musik fängt erst da an, wo einem nicht mehr bewusst ist, wie die Finger sich über die Tasten bewegen. Mit anderen Worten, man geht in der Tätigkeit des Spielens auf – man wird eins mit der Musik.

Stellen Sie sich nun vor, meine Mutter spielt Klavier, ganz im Flow, eingetaucht in die Musik. Und dann stellen Sie sich vor, jemand geht hin und sagt zu ihr: «Sie sind eine wunderbare Pianistin, wie schaffen Sie es nur, so gut zu spielen?» Das bringt sie sofort aus dem Rhythmus. Sie fängt an, bewusst darüber nachzudenken, wie sie es macht, und der Flow wird unterbrochen. Wenn wir eine Methode oder ein Handwerk lernen, üben wir bewusst. Dann prägt sich die Fertigkeit in unser Unbewusstes ein, das innere Meer, und wir hören auf, bewusst darüber nachzudenken, wie wir es machen. Das zeigt: Mit unserem InnSæi in Kontakt zu treten und es zu nutzen, heißt oft, dass wir unseren logischen Verstand ausschalten und unser inneres Wissen fließen lassen müssen.

## Raum für Intuition schaffen

Du erhältst deine Intuition zurück, wenn du Raum dafür schaffst, wenn du das Plappern des rationalen Denkens bremst.

*Anne Lamott,* Bird by Bird – Wort für Wort. Anleitungen zum Schreiben und Leben als Schriftsteller *(Original 1995 erschienen)*

Der menschliche Körper ist intelligent, selbst auf der Ebene der einzelnen Zelle: Er weiß, erinnert sich, lernt, rehabilitiert sich und passt sich an unterschiedliche Szenarien an. Als Mat Hoffman, ein amerikanischer BMX-Fahrer, einer der besten Vert-Ramp-Fahrer in der Geschichte des Sports, nach einem schweren Sturz an einer Amnesie litt, rettete ihn sein Körpergedächtnis. Mats Geschichte wird in einer Episode des Podcasts *Armchair Expert* vom Moderator Dax Shepard und Kelly Slater thematisiert. Kelly spricht darüber, wie Mat bei einer Vorführung, für die er engagiert worden war, am oberen Ende einer gut vier Meter hohen vertikalen Rampe stand; er schaute hinunter, bekam auf einmal schreckliche Angst und wusste nicht mehr, wie er mit seinem Rad dort runterkommen sollte. Er konnte sich buchstäblich nicht daran erinnern, wie es ging. Aber er beschloss, es zu wagen und einfach auf seinen Körper zu vertrauen. In diesem Moment setzte sein Verstand wieder ein, und sein Körper erinnerte sich. Wir haben wohl alle schon einmal erlebt, dass wir physisch an einen bestimmten Ort zurückkehren mussten, um uns daran zu erinnern, wo wir etwas abgelegt hatten oder wie etwas in der Vergangenheit gewesen war. Wenn wir nach langer Pause zum ersten Mal wieder Rad fahren oder Ski laufen, ist es ähnlich: Wir erleben sofort, wie unser Körper sich erinnert und die Fähigkeit wieder da ist.

## Intuitiv urteilen

2016 fuhr ich einmal mit dem Taxi von New Haven nach Hartford in Connecticut zu einem Interview für die Sendung *Where We Live* des Radiosenders WNPR. Der Taxifahrer hieß Mohamad und war als Kampfpilot im Irak gewesen. Ich hatte ihn während meines USA-Aufenthalts in diesem Jahr durch einen gemeinsamen Freund kennengelernt. Bei dem Interview ging es um unseren Film *InnSæi – Die Kraft der Intuition*, der ein paar Wochen zuvor in den USA erstmals gezeigt worden war. Die Fahrt dauerte rund zwei Stunden, und während ich mich auf das Interview vorbereitete, fragte ich Mohamad nach seinen Erfahrungen mit Intuition in seiner Zeit als Kampfpilot.

Mohamad sprach leidenschaftlich über Intuition und lieferte ein sehr gutes Beispiel dafür, wie er sie in seinem Beruf einmal genutzt hatte. Er erzählte, dass er bei einem Meeting mit den ranghöchsten Vertretern des irakischen Militärs dabei gewesen sei, wo über eine kritische Situation gesprochen wurde. Irgendwann im Laufe der Diskussion wurde er nach seiner Meinung zu einer wichtigen Entscheidung gefragt, die es zu treffen galt. Alle Blicke waren auf ihn gerichtet – es war eine stressige Situation, und er musste schnell denken.

Mohamad erzählte mir, welche zwei Dinge in dieser Situation am wichtigsten waren: erstens, dass er über viel Erfahrung verfügte, auf die er für seine Entscheidung zurückgreifen konnte; und zweitens, dass er auf diesem Gebiet auf seine Intuition vertraute. Außerdem wusste er, dass seine Intuition am besten funktionierte, wenn er genügend Raum und Ruhe zum Nachdenken hatte – deshalb war er selbstbewusst genug, darum zu bitten, die anderen möchten den Raum verlassen, während er über die Frage nachdachte.

Mohamads Geschichte bestätigt, was auch wissenschaftliche Forschung gezeigt hat. In einer Situation, in der es «known knowns» gibt, also Dinge, von denen man weiß, dass man sie weiß, kommen Statistiken und Analysen zur Anwendung. In Situationen voller Ungewissheit hingegen funktioniert unser InnSæi am besten, besonders auf der Basis von Erfahrung und Wissen. Laut Experten wie Gerd Gigerenzer hat die Forschung sogar gezeigt, dass wir mit letzterer Kombination (aus Intuition, Erfahrung und Wissen) die höchstmögliche Intelligenz erreichen können. Natürlich würden wir nicht allein auf der Basis von Intuition einen Menschen zum Mond schicken, aber je mehr Wissen und Erfahrung wir auf einem bestimmten Gebiet haben, desto mehr können wir uns darauf verlassen, dass unser intuitives Urteil uns zu guten Entscheidungen führt.

## Unserer Intuition vertrauen

In *The Matter with Things* erzählt Iain McGilchrist eine faszinierende Geschichte über Franck Mourier, den französischen Pferdetrainer, der sich sein Leben lang leidenschaftlich mit Pferden beschäftigte und an der Universität ein komplexes mathematisches Modell dafür entwickelt hatte, die besten Vollblutpferde auszuwählen. Er sah sich selbst als äußerst methodisch und analytisch, und er hatte sehr viel Erfahrung mit dem Kauf, Verkauf und Training von Rennpferden. Als er in den Ruhestand ging, fing er an, täglich zu den Rennen zu gehen und als Tipster Geld zu verdienen. Er beobachtete die Kandidaten vor dem Rennen ein paar Minuten lang und schätzte für jedes Pferd die Chancen auf Sieg ein. Nachdem er in einem Jahr 1200 Einschätzungen auf Zetteln notiert und Aufzeichnungen geführt hatte, stellte er bei der Analyse sämtlicher Daten fest, dass seine Trefferquote durchweg besser und genauer war als die offizielle Chancenbewertung. In Iain McGilchrists Austausch mit Franck Mourier und seiner Frau zeichneten sich ein paar Erkenntnisse über seine Intuition ab, die ich hier hervorheben möchte.

Wenn Franck Mourier zuließ, dass Zweifel, Skepsis, Versagensängste und Selbstvorwürfe sein Urteil trübten, war seine Einschätzung weniger zutreffend. Die Herausforderung für ihn bestand darin, einfach auf das zu vertrauen, was er sah, und sich auf seine Intuition zu verlassen. Er erklärte das zum Teil damit, dass er sich selbst immer als Wissenschaftler gesehen hatte, der all seine Entscheidungen auf Vernunft und Analysen gründete. Deshalb machte es ihn skeptisch, dass er offenbar Vorhersagen treffen konnte, fast ohne nachzudenken. So etwas für möglich zu halten, widersprach seiner wissenschaftlichen Grundhaltung.

Je mehr Franck Mourier sich darin übte, bewusst mit seiner Intuition umzugehen und auf sie zu vertrauen, umso besser konnte er sich entspannen und seine Gabe voll entfalten. Seine Frau merkte dazu an, er sei mit der Zeit offener geworden, habe mehr über seine Gefühle gesprochen, seine Umgebung empfindsamer wahrgenommen, und er sei auch kreativer geworden. Das wirkte sich in vielfältiger Weise positiv auf seine Rolle in der Familie und die Beziehung mit seiner Frau aus. Der Familie fiel außerdem auf, dass er ein gesteigertes Schlafbedürfnis hatte. Auch kurze Nickerchen im Auto unmittelbar vor dem Beginn der Rennen waren hilfreich. Darüber hinaus ist erwähnenswert, dass er am Morgen vor einem Rennen Abstand von «allem Materiellen oder Finanziellen» brauchte. «Die besten Ergebnisse erziele ich, wenn ich das Ganze einfach als ein Spiel betrachte, ohne Druck – als würde ich nur zu den Rennen gehen, um mich an den Pferden zu erfreuen, und dabei nach Gefühl Wahrscheinlichkeiten notieren.»

*Dinge, die InnSæi blockieren können*

- Selbstzweifel, mangelndes Selbstvertrauen, Versagensangst, Selbstvorwürfe
- Stress
- materieller oder finanzieller Druck
- die eigene Intuition nicht ernst genug zu nehmen, weil sie oft ganz unaufdringlich und mühelos zu uns spricht
- zulassen, dass unsere Voreingenommenheiten (Denkgewohnheiten) unser Denken dominieren, d.h. Vertrautes dem anderen vorziehen
- Gender Bias, also geschlechtsbezogene Voreingenommenheit, ist häufig, wie Gerd Gigerenzer und andere in Studien festgestellt haben (siehe Quellen). Zum Beispiel geben Männer seltener öffentlich zu, dass sie ihrer Intuition folgen, weil allgemein angenommen wird, Frauen

seien intuitiver und Männer rationaler. Kulturelle Normen haben uns gelehrt, uns auf Rationalität zu verlassen, nicht auf Intuition, und Männern eher zu trauen als Frauen. Studien zeigen jedoch, dass Intuition nicht vom Geschlecht abhängt.

- ⋆ Ein anderer verbreiteter Bias lässt uns dazu tendieren, schnell zu handeln, anstatt uns Zeit zu nehmen.
- ⋆ Oft ist uns nicht bewusst, dass unsere Wahrnehmungen keine objektiven Wahrheiten sind. Wir müssen uns darauf besinnen, dass unsere Wahrnehmung in Wirklichkeit subjektiv ist und sich verändern kann, wenn wir über mehr oder andere Informationen verfügen.
- ⋆ Der sogenannte Safety Bias lässt uns dazu neigen, uns in erster Linie vor Verlust schützen zu wollen und weniger darauf zu schauen, was wir gewinnen könnten.
- ⋆ Weitere Voreingenommenheiten sind beispielsweise Stereotypen, übersteigertes Selbstvertrauen und der sogenannte Ankereffekt (das heißt, dass wir unsere Entscheidung hauptsächlich von einer einzelnen Information abhängig machen und andere vernachlässigen). Der Bestätigungsfehler (Confirmation Bias) besteht darin, neue Informationen so zu interpretieren, dass sie zu unseren vorgefassten Ansichten passen, und anderes Wissen nicht zu berücksichtigen. Die Liste ließe sich fortsetzen …

InnSæi ist der Schlüssel zu Kreativität, und Kreativität ist der Schlüssel zu Innovation, die eine treibende Kraft für wirtschaftlichen Erfolg und den Wettbewerb zwischen Organisationen ist. Um die kreativsten Köpfe zu rekrutieren, gab die

NASA einmal einen speziellen Test in Auftrag, mit dem man die Fähigkeit zu Kreativität und divergentem Denken messen kann. Als dieser von Dr. George Land und Dr. Beth Jarman entwickelte Test später an Kindern durchgeführt wurde, waren die Ergebnisse verblüffend: *98 Prozent der Fünfjährigen fielen in die Kategorie der «genialen Vorstellungskraft», bei 15-Jährigen fiel der Anteil jedoch dramatisch ab und betrug nur noch zwölf Prozent, bei Erwachsenen lediglich zwei Prozent.*

Wenn wir das Schulsystem durchlaufen und ins Arbeitsleben eintreten, nimmt unsere Fähigkeit, mit unserem InnSæi im Einklang zu bleiben und kreativ zu sein, ab. Grund dafür ist, dass die rationaleren, greifbaren, bewussten Ansätze zur Problemlösung standardisiert gelehrt werden können, und genau das geschieht in Schulen in aller Welt. Diese Prozesse kann man leicht replizieren, messen, vergleichen und bewerten, und dieser Ansatz dringt auch in unsere Systeme und Arbeitsprozesse ein, wo wir uns auf quantifizierbare Kennzahlen und Leistungsmerkmale fokussieren. Der intuitive Ansatz dagegen ist unbewusst, er stützt sich auf gespeicherte Erinnerungen und lockere neuronale Verknüpfungen, die über die Zeit gebildet wurden. Diesen Ansatz zu erlernen, erfordert einen weniger standardisierten Prozess und mehr Geduld, wie Wilma Koutstaal in ihrem Buch *The Agile Mind* (2013) schreibt. Koutstaals Arbeit untermauert, was immer wieder gezeigt wurde: Wenn wir unbewusste, intuitive Ansätze mit analytischen, rationalen, bewussten Methoden verbinden, nutzen wir unsere höchste Intelligenz und sind zu größeren Leistungen fähig als Menschen, die nur Letztere einsetzen.

## Mehr sehen, hören und fühlen

> Unsere Kultur beruht auf dem Übermaß, der Überproduktion; das Ergebnis ist ein stetig fortschreitender Rückgang der Schärfe unserer sinnlichen Erfahrung. [...] Heute geht es darum, dass wir unsere Sinne wiedererlangen. Wir müssen lernen, mehr zu sehen, mehr zu hören, mehr zu fühlen.
>
> *Susan Sontag (1933–2004), Philosophin, Schriftstellerin und politische Aktivistin, in:* Kunst und Antikunst: Essays *(Original 1966 erschienen)*

Es gibt viele mögliche Arten, wie wir die Welt sehen können. Dieses Buch rückt ethisches InnSæi in den Mittelpunkt, das menschliche und großzügige Arten des Seins und des gemeinsamen Schaffens fördert. Die Rezession von 2008, unter Isländern als «der Bankenkollaps» bekannt, eröffnete den Weg zu neuen Ideen. In einer Welt, die verrückt geworden schien, suchten Menschen nach Möglichkeiten, unsere Systeme der Entscheidungsfindung neu zu denken und die Schleusen des kreativen und kritischen Denkens für ethische und konstruktive Zwecke zu öffnen.

In dieser Zeit entwickelte ich in Island ein universitäres Programm, basierend auf dem, was ich «zwei Rhythmen und ein starker innerer Kompass» nannte – das letzte Kapitel in diesem Buch beschäftigt sich damit. Dieses Modul sollte die Studierenden im Grunde dazu befähigen, die Rhythmen von divergentem und konvergentem Denken, Analytik und Kreativität, Verstand und InnSæi effektiv miteinander zu verbinden, um ihren inneren Kompass zu schärfen.

Angesichts des Überflusses an Informationen und lärmiger Ablenkung in der heutigen Kultur erscheinen die Worte von Susan Sontag aus den 1960er-Jahren heute wahrer denn je. Sontag ermutigte uns, unsere sensorische Intelligenz zu nutzen, uns wieder in der Welt zu verorten, sie mit unserem ganzen Sein wahrzunehmen und die Entwicklung von neuen Zyklen öffentlicher Narrative mit kritischem Blick zu betrachten.

Sie ermutigte uns, mehr zu sehen, mehr zu hören und mehr zu fühlen, denn sie wollte, dass wir Zugang zum Künstlerischen in uns erlangen, unsere Sinne neu erwecken, um die Bedeutung der Dinge besser zu verstehen – auch den Schmerz anderer. Unsere Kreativität, authentische Führerschaft und unsere Stimme in der Welt hängen davon ab, wie wir unsere Sinne und unsere Aufmerksamkeit gebrauchen. Susan Sontag hat uns inspiriert, hinter Interpretationen und Schlagzeilen zu schauen und der Frage auf den Grund zu gehen, was es bedeutet, Mensch zu sein.

**Mehr sehen, mehr hören, mehr fühlen**

- Halten Sie in Ihrem Tagebuch fest, was Sie sehen, hören und fühlen.
- Beurteilen Sie nicht, was Ihre Aufmerksamkeit erfasst, schreiben Sie es einfach hin.
- Indem Sie jede Wahrnehmung dokumentieren, beobachten Sie sich selbst in dem jeweiligen Moment.

Susan Sontag war mir für meine Arbeit zu InnSæi eine starke Inspiration. In diesem Zusammenhang bedeutet «mehr sehen», dass wir unseren Sinneswahrnehmungen Aufmerksamkeit schenken und darauf achten, wie unser ganzer Körper Eindrücke und Informationen aufnimmt. Durch unseren Körper verbinden wir uns mit InnSæi. Wenn unser Zugang zu InnSæi blockiert ist, wird unklar, welche Richtung wir im Leben einschlagen; wir schwanken von einer Entscheidung oder Meinung zur anderen und fangen an, uns selbst zu misstrauen.

Wie Dr. Nicole LePera in ihrem Buch *Heile. Dich. Selbst.* (2021) erklärt, beginnen wir, den strudelnden, hemmenden, ängstlichen Gedanken in unserem Kopf zu glauben, und vergessen darüber, dass wir unser Denken selbst in die Hand nehmen können. Unsere Gedanken bestimmen nicht zwangsläufig, wer wir sind, schreibt LePera – wir können die Art und Weise, wie wir denken, verändern. Wenn wir die ungesunden Gedanken in unserem Kopf glauben, schwächen sie uns. Unser Geist wird dann zu unserem schlimmsten Feind, weil er den Zugang zu unserer inneren Weisheit blockiert und es uns unmöglich macht, Klarheit zu erlangen und auf unser Urteil zu vertrauen. Nur wenn wir uns unser selbst stärker bewusst werden, können wir anfangen, uns von hemmenden Gedanken zu befreien.

InnSæi ist ein verkörpertes Gefühl, das bedeutet, es wird durch unseren ganzen Körper übertragen. Lassen Sie uns näher betrachten, wie unser Körper zu uns spricht und uns hilft, im Einklang mit unserem InnSæi zu bleiben.

## Die Haut

Wir beginnen mit der Haut, der äußeren Hülle, die unser Skelett, unsere Organe, Blutgefäße, Sehnen und unser Nervensystem schützt. Als größtes Organ des Körpers spielt die Haut eine entscheidende Rolle für die Regulierung unserer Körpertemperatur und dafür, unsere Muskeln, Knochen und inneren Organe vor Infektion und Krankheiten zu schützen. Unsere Haut macht etwa 15 Prozent unseres Körpergewichts aus. Wir haben rund 300 Millionen Hautzellen und stoßen tagtäglich in jeder Minute 30 000 bis 40 000 abgestorbene Hautzellen ab. Die Haut erneuert sich alle 28 Tage selbst. Unser Körper reagiert auf ein universelles elektrisches Feld, das sich in anderen Menschen findet, in Gegenständen, der Natur und sogar in der Erde, auf der wir stehen; die Härchen auf unserer Haut richten sich in der Gegenwart dieser elektrischen Felder auf.

Hautveränderungen können auf Veränderungen unseres allgemeinen Gesundheitszustands hindeuten: Vielleicht wirkt unsere Haut strahlender, wenn wir glücklich und gesund sind, und sie sieht oft grau oder trocken aus, wenn es uns nicht gut geht. Man könnte sagen, unsere Haut «spricht zu uns» und hilft uns, unsere Wechselbeziehungen mit unserer Umwelt besser zu beobachten. So bekommen wir vielleicht Gänsehaut, wenn uns ein Musikstück oder eine liebevolle Zuwendung tief berührt. Wenn eine bestimmte Person einem «Schauder über den Rücken jagt», gibt es einen Grund für diese Reaktion – und manchmal spürt man vielleicht einfach die Energie der Menschen, die sich im selben Raum befinden.

### Achten Sie auf Ihre Haut

- Nehmen Sie wahr, was Ihre Haut Ihnen sagt, und notieren Sie es in Ihrem Tagebuch. Das wird Ihnen helfen, sich selbst durch Ihre Haut besser kennenzulernen.
- Sie werden erkennen, dass sich Muster abzeichnen, und diese Muster werden Ihnen helfen zu bemerken, was sich am Rand Ihres fokussierten Bewusstseins abspielt, was Ihr InnSæi Ihnen darüber sagen will, wie Sie Menschen und Umgebungen wahrnehmen.
- Ihre Reaktionen können von Tag zu Tag und je nach Umständen variieren. Wenn Sie möchten, notieren Sie Ihren Energiestatus in den betreffenden Momenten. Faktoren wie Schlaf, Essen, emotionales Wohlbefinden, ob Sie sich entspannt oder gestresst, geliebt oder einsam fühlen – all das kann sich darauf auswirken, was Sie über Ihre Haut wahrnehmen.

Intuition ist mehr als nur ein flauschiges Gefühl. Intuition ist das Bewusstsein für feinstoffliche Dinge, die außerhalb unserer Aufmerksamkeit liegen. Dinge, die wir unbewusst und unterbewusst wahrnehmen. Wenn wir zu sehr in unserem konzentrierten Bewusstsein verharren, erkennen wir den Wert dieser Dinge nicht. Sie erscheinen uns als so klein und unwichtig, dass wir sie ignorieren.

*Iain McGilchrist, Psychiater und Autor, im Dokumentarfilm* InnSæi

## Die Sinne

Unsere Sinne nehmen tagtäglich in jeder Stunde Millionen einzelne Daten auf. Wir könnten uns all dieser Informationen unmöglich bewusst sein, ohne den Verstand zu verlieren. Deshalb wollen wir zwar einerseits unsere Sinne öffnen, um mehr zu sehen, mehr zu hören und mehr zu fühlen, aber es wird andererseits auch Zeiten geben, in denen wir unsere Sinne vor der Außenwelt schützen müssen, damit unser Zugang zu InnSæi intakt bleibt. Mit anderen Worten: Manchmal öffnen wir unsere Sinne bewusst und achtsam, und manchmal verschließen wir sie absichtlich, um unsere Energie ausgeglichen zu halten und uns nicht zu überfordern.

Aufmerksamkeit ist entscheidend, wenn wir in Kontakt mit unserem InnSæi, unserer Kreativität und Achtsamkeit treten. Wir richten unsere Aufmerksamkeit jeden Tag auf viele Dinge, aber uns ist kaum bewusst, auf *was* wir unsere Aufmerksamkeit richten. Indem wir «mehr darauf achten, worauf wir achten», beginnen wir herauszufinden, was in unsere Intuition einfließt. Die Dinge aufzuschreiben, auf die wir achten, versetzt uns in die Lage, unsere Intuition noch besser nutzbar zu machen. Wenn wir das tun, lassen wir die Welt an uns herankommen, wir schalten sozusagen das Licht ein. Wir fangen an, Dinge zu bemerken, die wir zuvor nicht bemerkt haben, weil wir nicht wirklich präsent waren. Wenn wir beginnen, darauf zu achten, worauf wir achten, verlagern wir unsere Aufmerksamkeit auf das Unbewusste, die subtilen Details von Informationen, die in der Luft liegen und darauf warten, dass wir sie entdecken. Wir werden in Kapitel 4 noch

**Achten Sie darauf, worauf Sie achten, und schreiben Sie es auf**

- Notieren Sie in Ihrem Tagebuch, was Sie in Bezug auf Ihre Sinne oder mit Ihren Sinnen wahrnehmen, und beziehen Sie dabei Ihre Augen, Ohren, den Körper, die Finger, Füße und die Haut mit ein.
- Nehmen Sie wahr, wenn Sie die Körpersprache von anderen Menschen oder Tieren wahrnehmen.
- Urteilen Sie nicht über das, was Sie bemerken, schreiben Sie es nur auf.
- Beobachten Sie einfach, was Ihre Sinne empfangen. Lassen Sie die Welt auf sich zukommen.

näher darauf eingehen. Vorerst genügt es zu betonen, dass «Aufmerksamkeit auf die Aufmerksamkeit richten» uns hilft, uns mit allen unseren Sinnen zu verbinden.

Wenn wir uns überfordert, erschöpft, besorgt oder traurig fühlen, empfinden wir vielleicht das Bedürfnis, unsere Sinne vor der Außenwelt zu schützen, um unseren Energiehaushalt wieder auszugleichen. Sie können sich das so vorstellen, als würden wir unseren Tank auffüllen oder die Batterie unseres Körpers wieder aufladen. Auf diese Weise setzen wir unsere Grenzen und erlauben uns, auszuruhen, neue Kräfte zu schöpfen und uns Zeit zu nehmen, einfach nur zu sein. Das gehört dazu, sich seiner selbst bewusst zu sein, und ist ein Ausdruck von Selbstfürsorge und Selbstliebe. Wenn wir das

Gefühl haben, dass es uns an Selbstliebe fehlt, sollten wir uns darum bemühen, sie zu entwickeln – denn ohne sie sind wir nicht in der Lage, anderen Liebe und Unterstützung zu schenken.

Es gibt viele Gründe, weshalb unser Nervensystem mitunter geschwächt oder überreizt wird. Vielleicht haben wir in letzter Zeit nicht genug geschlafen; vielleicht leiden wir an einer Krankheit, die unseren Organismus belastet; vielleicht sind wir am Arbeitsplatz oder zu Hause zu viel Lärm ausgesetzt; oder wir stehen aus irgendwelchen anderen Gründen einfach stark unter Stress. Dann kann es vorkommen, dass wir kurzatmig werden oder vielleicht Orte mit vielen Menschen meiden, obwohl wir sonst gern unter Leute gehen. Reizüberflutung bedeutet, dass unsere Sinne mehr Informationen aufgenommen haben, als unser Gehirn verarbeiten kann.

Wenn unser Nervensystem geschwächt oder überreizt ist, reagiert es stärker als normal auf Stress. Deshalb können schon geringfügige Stressfaktoren oder Reize relativ starke Reaktionen hervorrufen. Geräusche kommen einem übermäßig laut vor, Lichter erscheinen greller, und wir haben vielleicht das Gefühl, dass andere Menschen zu viel von unserer Aufmerksamkeit und Energie beanspruchen. Es fühlt sich so an, als hätten wir weniger Kontrolle über unseren Fokus und unsere Energie als an einem guten Tag. Zu den möglichen Symptomen zählen außerdem Sehverlust oder Doppelbilder, Taubheit oder Kribbeln im Körper und Kopfschmerzen.

### Einfache Mittel, um ein empfindliches und überreiztes Nervensystem zu schützen

Die folgenden einfachen Maßnahmen können dabei helfen, dass Ihre Nerven sich erholen und Reize gedämpft werden:

- Tragen Sie eine Mütze oder Kapuze, um Ohren, Augen und Kopf vor Reizen zu schützen.
- Tragen Sie Kopfhörer mit Noise Cancelling oder hören Sie über Kopfhörer beruhigende Klänge, wenn Sie draußen unterwegs sind.
- Tragen Sie eine Brille mit grün getönten Gläsern – die Farbe Grün wirkt beruhigend auf das Nervensystem.
- Verbringen Sie Zeit im Freien, wo es grünes Gras, Laub, Bäume und andere Pflanzen gibt, und beobachten Sie einfach die Geräusche, Farben, Formen, Muster und Gerüche, die Sie umgeben.
- Gehen Sie barfuß über Erde.
- Wenn Sie sich im Beruf oder in Ihrem Privatleben in einer herausfordernden Situation befinden und das Gefühl haben, dass sie Ihnen die Energie aussaugt, stellen Sie sich vor, Sie würden die Situation aus der Ferne sehen, von einem Berggipfel aus oder vom Himmel herab. Wenn Sie die Situation mit Abstand betrachten, stecken Sie nicht mit Haut und Haaren *in* ihr.
- Meditieren Sie – atmen Sie tief ein und aus und fokussieren Sie sich.

«Sich zentrieren»

**Diese Meditation ist hervorragend geeignet, wenn Sie das Gefühl haben, sich in einer Situation zu verlieren. Selbst wenn Sie nur fünf Minuten haben, nutzen Sie diese. Wenn Sie mehr Zeit haben, umso besser. Wiederholen Sie die Meditation mehrmals im Laufe des Tages, wann immer Sie das Gefühl haben, sie könnte Ihnen guttun. Gehen Sie fürsorglich mit sich um.**

- Zu sich selbst heimkehren heißt, Ihren Geist in den Körper zurückzuholen. Sie lassen bewusst Gedanken los, die Sie sozusagen von sich selbst wegführen. Das können Gedanken oder Sorgen bezüglich der Zukunft oder der Vergangenheit sein oder etwas, das Ihnen im Augenblick zu viel ist.
- Nehmen Sie eine bequeme Haltung ein. Atmen Sie ein paarmal tief durch und folgen Sie in Gedanken Ihrem Atem. Danken Sie Ihrem Atem, dass er Sie atmet.
- Während Sie sich auf Ihren Atem konzentrieren, wenden Sie sich mit jedem Atemzug einem Ihrer Sinne zu – Augen, Ohren, Nase, Zunge, Ihrem ganzen Körper und dem Geist.
- Visualisieren Sie sich als ein Ganzes und stellen Sie sich vor, Sie sitzen friedvoll in einer Lotusblüte oder einer wunderschönen transparenten Kapsel, die niemand außer Ihnen sehen kann und zu dem kein anderer Zugang hat. Diese Lotusblüte oder Kapsel schützt

Ihre Sinne, vor der Außenwelt und Reizen, die Ihnen sonst vielleicht manchmal zu viel werden.

- Während Sie in Ihrem Schutzraum mit geschlossenen Augen atmen, schauen Sie nicht mehr, Sie lauschen nicht mehr, Sie denken nicht mehr. Sie folgen einfach nur Ihrem Atem und fühlen sich wohl in Ihrem Körper, Ihrem Tempel, Ihrem Zuhause.
- Wenn Sie sich verloren vorkommen und das Gefühl haben, Sie sind nicht mehr Sie selbst, wurden von Ereignissen aus der Bahn geworfen – dann ist es Zeit, zu Ihrem wahren Selbst heimzukehren, Ihren Geist und Körper miteinander in Einklang zu bringen und sich mit dem inneren Meer zu verbinden, bis es ruhig wird; bis Sie sich in sich selbst verankert fühlen. Sagen Sie sich selbst: Ich bin in Sicherheit.
- Ihr stärkstes Gefühl der Sicherheit kommt aus Ihrem tiefen Inneren. Wenn Sie sich in dieser Mediation sicher oder zumindest sicherer fühlen, könnten Sie allmählich anfangen, Ihre Augen, Ohren und Ihren ganzen Körper für Eindrücke von außen zu öffnen. Im weiteren Verlauf des Tages, der Woche oder des Monats können Sie sich jederzeit wieder vorstellen, von der Lotusblüte oder der schönen Kapsel umgeben zu sein – das ist Ihr Schutzraum, den niemand außer Ihnen sehen kann und zu dem niemand anders Zugang hat.

## Das Gehirn

> Das Gehirn ist ein offeneres System, als wir für möglich gehalten hätten. Die Natur hat viel getan, um uns bei der Wahrnehmung der Welt um uns herum zu helfen. Sie hat uns eine Gehirnstruktur mitgegeben, die in einer sich verändernden Umwelt überlebt, weil sie sich selbst verändert.
>
> *Norman Doidge, Psychiater und Autor*

Das Gehirn ist die zentrale Schaltstelle, quasi die Grand Central Station für die Verarbeitung der Informationen, die unsere Zellen, Sinne, Haut und Nerven tagtäglich aufnehmen und interpretieren. Obwohl bereits enorm viel über das Gehirn geforscht wurde, ist unser Verständnis davon, wie es arbeitet, noch immer beschränkt. Ein erwachsenes Gehirn wiegt durchschnittlich rund 1,4 Kilogramm und besteht zu rund 75 Prozent aus Wasser. Das Gehirn ist ein hochkomplexes Netzwerk aus 86 bis 100 Milliarden Neuronen – so viele, wie es Sterne in unserer Galaxie gibt –, eingebettet in ein Gerüst aus 100 Milliarden Gliazellen und verbunden durch Billionen Synapsen, wie die Schnittstellen zwischen Nervenzellen genannt werden.

Wenn Sie ein menschliches Gehirn in die Hand nehmen könnten, würden Sie feststellen, dass es eine gallertige Masse ist, bereits durch leichten Druck verformbar, tot und nutzlos, wenn es vom Rest des Körpers getrennt ist. Es gilt als der Sitz der Logik und des Intellekts; es befähigt uns, zu denken, wahrzunehmen und den Dingen einen Sinn abzugewinnen.

Es empfängt eine immense Menge Informationen durch unsere Sinne und die Nervenbahnen, die vom Darm, vom Herzen und vom Vagusnerv zum Gehirn führen.

Erstaunlicherweise verändert sich das Gehirn ständig, es passt sich an Lebenserfahrungen an und ermöglicht uns, lebenslang Neues zu lernen. Es besteht aus einer linken und einer rechten Gehirnhälfte, die im Hinblick darauf, wie wir die Welt sehen, unterschiedliche Eigenschaften haben. Innerhalb dieser zentralen Schaltstelle gibt es mehrere kleinere Hubs, die verschiedene Funktionen erfüllen. Manche Teile des Gehirns leisten in Gefahrensituationen die besten Dienste, andere, wenn wir kreativ sein oder möglichst gut kommunizieren wollen. Wir werden später noch näher darauf eingehen.

Wir können nicht physisch beobachten, wie unsere Gehirne sich verbinden und synchronisieren, aber Studien zeigen, dass Herzschlag und Gehirnwellen von Paaren sich synchronisieren, wenn sie sich nahe sind. Dasselbe kann auch bei Kollegen oder Freunden geschehen und sogar bei Fremden. Viele von uns haben schon einmal erlebt, wie ein geliebter Mensch in einer belastenden Situation war, und gespürt, wie sich das auf den eigenen Herzschlag auswirkte.

Je mehr ich darüber lese, wie wir durch unseren Körper, unser Gehirn und unser elektromagnetisches Feld kommunizieren, umso mehr frage ich mich, ob überhaupt klar ist, wo ich zu Ende bin und Sie anfangen. Ich habe mit Dr. Rebekah Granger-Ellis gesprochen, einer Expertin für Neurogesundheit und Neurobiologie des Lernens, und sie hat bestätigt, dass die Grenzen zwischen einzelnen Menschen tatsächlich nicht klar zu bestimmen sind:

Wir koregulieren uns als Spezies, wir sind so ganz und gar untereinander verbunden, dass unsere Gehirne im Stillen ständig Strukturen in anderen Gehirnen beeinflussen. Wir sind als menschliche Wesen so sozial eingestellt, was Aufmerksamkeit, Emotionen und Verhalten angeht, dass wir die innere Verfassung anderer wahrnehmen und spiegeln. Schon wenn wir nur für kurze Zeit in der Nähe eines anderen Menschen sind, fangen unsere Gehirnwellen und neuronalen Populationen an, sich zu synchronisieren, und die Atemmuster sowie der Herzschlag gleichen sich ebenfalls an. Selbst die Interaktion zwischen unserem Körper und der Umgebung, unserer Erde und der Sonne, alles, womit wir interagieren, enthält Energie, und diese fließt ständig zwischen Objekten hin und her. [...] Aus der Perspektive der Quantenphysik sind wir Fraktale, zusammengesetzt aus den gleichen Teilchen, unsere DNA besteht aus Kohlenstoff, Wasserstoff, Sauerstoff, Stickstoff, Phosphor und anderen Spurenelementen. Wir haben Teilchen und elektrische Ladungen mit der Sonne gemeinsam, und auch der Boden, auf dem wir stehen, reguliert unser Nervensystem und unsere Zellen auf komplexe Art und Weise.

## Das Herz

Das Herz hat seine Gründe, die der Verstand nicht kennt.

*Blaise Pascal, französischer Philosoph und Mathematiker (1623–1662)*

Wir haben wohl alle schon einmal die Redensart «Folge deinem Herzen» gehört, wenn jemand uns ermutigen wollte, unserer inneren Stimme oder unserem Gefühl der Bestimmung zu folgen. Das Herz ist wie der Darm mit einem intrinsischen Nervensystem ausgestattet, das sowohl ein Kurz- als auch ein Langzeitgedächtnis hat. Wir nennen es mitunter unser «zweites Gehirn», und laut einer viel zitierten Studie von Dr. Armour aus dem Jahr 1991 enthält es rund 40 000 Neuronen. Das Herz beginnt schon zu schlagen, bevor das Gehirn sich entwickelt, und es schlägt weiter, solange es Sauerstoff hat, selbst wenn das Gehirn bereits tot ist. Das Herz pumpt Blut in das gesamte Kreislaufsystem, sodass unsere Organe, das Gewebe und die Zellen mit Nährstoffen und Sauerstoff versorgt werden. Zugleich werden Abfallstoffe wie Kohlendioxid abtransportiert.

Das Wort Courage geht auf die lateinische Wurzel *cor* zurück, die «Herz» bedeutet. Wenn wir «aus dem Herzen sprechen», dann sprechen wir unsere Wahrheit aus, wir berühren andere und bauen Vertrauen auf. Das ist viel mehr als nur eine Redensart, denn die Forschung hat gezeigt, dass unser Herz ebenso wie das Gehirn Oxytocin ausschüttet, das sogenannte Liebeshormon. Laut Thomas R. Verny in *The Embodied Mind* (2021) motiviert Oxytocin uns, andere zu mögen und Empathie für sie zu empfinden, ihnen Vertrauen und Kooperationsbereitschaft entgegenzubringen und diese zu erwidern. Gefühle von Wut und Trauer können zu Herzversagen führen, sodass wir buchstäblich «an gebrochenem Herzen sterben» können, so Iain McGilchrist in *The Matter with Things* unter Berufung auf diverse Studien.

Das Magnetfeld des Herzens, das stärkste rhythmische elektromagnetische Feld, das der menschliche Körper erzeugt, umfängt nicht nur jede Zelle des Körpers, sondern erstreckt sich auch nach allen Seiten in den Raum, der uns umgibt. Das elektrische Feld des Herzens ist etwa sechzigmal größer als das elektrische Feld, das vom Gehirn erzeugt wird, und das Magnetfeld des Herzens kann mit empfindlichen Magnetometern noch in mehreren Metern Entfernung vom Körper gemessen werden. Der Ausdruck «an jemandes Herz rühren» bedeutet, dass man in der Person ein Gefühl hervorruft oder weckt. Stellen Sie sich die Welleneffekte eines liebenden Herzens vor ...

Wir alle können ohne Worte kommunizieren, durch die Magnetfelder unseres Körpers.

**Verbinden Sie sich mit Ihrem Herzen**

- Schließen Sie die Augen und nehmen Sie ein paar tiefe Atemzüge; wenn Sie können, atmen Sie doppelt so lange aus wie ein.
- Fokussieren Sie sich darauf, wie Ihre Brust sich mit jedem Atemzug bewegt.
- Stellen Sie sich nun vor, Sie hätten eine Taschenlampe in Ihrem Körper. Schalten Sie sie ein und beginnen Sie im Kopf. Beleuchten Sie das Gehirn in Ihrem Schädel, das Innere Ihres Gesichts, dann wandern Sie durch den Hals abwärts, bis Sie Ihr Herz sehen, wie es in Ihrer Brust kräftig und gesund schlägt.

- Sie Ihr Herz dafür, was es ist und was es leistet. Sehen Sie, wie es das Blut pumpt, sodass alle Teile Ihres Körpers versorgt werden.
- Nun legen Sie eine Hand auf die Brust und spüren Sie die heilsame Wärme, die von Ihrer Hand ausgeht.
- Stellen Sie sich vor, Ihr Herz verwandelt sich in eine Rosenknospe oder auch in eine andere Blüte, die Sie gern mögen. Beobachten Sie die Rosenknospe oder Blüte, die Ihr Herz symbolisiert. Schauen Sie zu, wie sie sich Ihnen und der Welt um Sie herum öffnet.
- Genießen Sie dieses Bild und beobachten Sie, ob es ein Lächeln auf Ihr Gesicht lockt.

## Der Bauch

Vertrauen Sie Ihrem Bauch, er weiß mehr als Ihr Kopf.

*Anonym*

Die meisten unserer glücklichsten Hormone sind im Darm beheimatet. Er steht in enger Verbindung mit unserem emotionalen und körperlichen Wohlergehen und unserer Fähigkeit, uns zu fokussieren. Der Darm hat 200 bis 600 Millionen Neuronen und teilt sich uns über unterschiedliche Bauchgefühle mit, etwa «Schmetterlinge im Bauch», wenn wir aufgeregt oder verliebt sind, oder einen «Knoten im Bauch», wenn wir ängstlich oder angespannt sind. Wir reden «aus dem

Bauch heraus», wenn wir unseren Gefühlen freien Lauf lassen.

Die Beziehung zwischen Psyche und Darm wirkt in beide Richtungen: Erkrankungen des Darms beeinflussen unser Denken und unsere Stimmung und umgekehrt. Iain McGilchrist hat in seinem Buch *The Matter With Things* (2021) die Ergebnisse diverser Studien verarbeitet und gezeigt, dass der Darm 95 Prozent des Serotonins im Körper produziert, einer chemischen Substanz, die Botschaften zwischen Nervenzellen im Gehirn und dem übrigen Körper überträgt. Serotonin ist wichtig für die Funktion der Nervenzellen und des Gehirns, und das Hormon spielt eine entscheidende Rolle für Körperfunktionen wie Schlaf, Stimmungsveränderungen, die Verdauung, Übelkeit, Wundheilung, Knochengesundheit,

### Verbinden Sie sich mit Ihrem Bauch

**Diese Übung ist besonders geeignet, wenn Sie besorgt, gestresst oder ängstlich sind.**

1. Atmen Sie ein paarmal tief durch und beobachten Sie, wie sich Ihr Bauch beim Atmen bewegt.
   - Hören Sie darauf, wenn Ihr Bauch Ihnen seine Bedürfnisse mitteilt. Braucht er ein paar extra tiefe Atemzüge? Oder will er, dass Sie sich rekeln und strecken?
   - Beobachten Sie, ob er ruhig oder angespannt ist.

- Stellen Sie sich selbst Fragen und schauen Sie, ob Ihr Bauch darauf reagiert.
- Ihre Fragen könnten etwa lauten: Wie geht es dir, [hier Ihren Namen einfügen]? Ist xy für mich an diesem Punkt die richtige Entscheidung? Habe ich Angst vor xy?

2. Legen Sie sich auf den Rücken und atmen Sie zwei- oder dreimal tief durch, um sich in diese Haltung hineinzufinden.
   - Atmen Sie tief ein, halten Sie den Atem an und zählen Sie bis vier. Atmen Sie so tief aus, wie Sie können; nun ziehen Sie zwei- oder dreimal den Bauch ein und halten Sie die Ausatmung.
   - Wenn Sie nicht mehr können, lassen Sie los und atmen wieder tief ein.
   - Wiederholen Sie das ein paarmal.

Blutgerinnung und sexuelles Verlangen. Serotonin vermittelt Befriedigung, Freude und Optimismus, und umgekehrt sind Depressionen mit einem niedrigen Serotoninspiegel assoziiert.

Bauchgefühle sind wichtige Signale, und durch Übung können wir lernen, sie zu verstehen. Mit der Zeit wird es Ihnen vielleicht leichter fallen zu unterscheiden, welche Reaktionen des Bauches etwas mit Ernährung oder Hormonen zu tun haben und welche mit Entscheidungen, die Sie treffen.

Unsere Bauchgefühle werden nie unfehlbar sein, aber sie können uns wichtige Hinweise liefern.

## Der Vagusnerv und zwei Strukturen des Nervensystems

> Der Vagusnerv überträgt Informationen vom Gehirn zu den meisten wichtigen Organen des Körpers, er verlangsamt alles und ermöglicht Selbstregulation. Dieser Nerv ist mit dem parasympathischen System und mit Emotionen wie Liebe, Glück und Mitgefühl assoziiert.
>
> *Deepak Chopra*

Der Vagusnerv ist der längste kraniale Nerv im Körper und verbindet fast alle unsere wichtigen Organe, vom Gehirn bis zum Dickdarm, unter anderem auch die Lernzentren im Gehirn. Sein Name stammt vom lateinischen Wort *vagus*, das heißt «der Umherschweifende», weil er weit verzweigt ist und den Hirnstamm mit jedem Teil des Körpers verbindet. Dieses System steuert spezifische Körperfunktionen wie die Verdauung, die Herzfrequenz und das Immunsystem. Diese Funktionen laufen unwillkürlich ab, das heißt, wir können sie nicht bewusst steuern.

Der Vagusnerv erinnert uns daran, dass der Körper ein in sich verbundenes Ganzes ist, und er spielt eine wichtige Rolle für unsere Fähigkeit, uns selbst zu regulieren, uns zu beruhigen und resilient zu sein. Wenn der Vagusnerv beschädigt wird, erzeugt das natürlich Nackenschmerzen, es können aber auch andere Symptome auftreten wie beispielsweise ein Anstieg der Herzfrequenz, Hirnnebel, sehr hoher oder niedriger Blutdruck, Probleme mit dem Darm, der Stimme oder dem Hals. Wenn wir sprechen, rufen oder singen, aktivieren wir den Vagusnerv, und das ist ein Grund dafür, dass diese Aktivitäten so kathartisch und emotional sein können.

Das autonome Nervensystem teilt sich in das sympathische Nervensystem («Kampf oder Flucht») und das parasympathische Nervensystem («Ruhe und Verdauung»). Dieses zweiteilige System erhält ein Gleichgewicht im Körper und sorgt zuverlässig dafür, dass wir am Leben bleiben und gut funktionieren. Das parasympathische System erzeugt einen ruhigen, lernbereiten Modus, während das sympathische System für den angespannten Modus zuständig ist, der hilft, uns vor Gefahr zu schützen.

Die vagalen Nerven sind die Hauptnerven im parasympathischen System, das hilft, eine Entspannungsreaktion im Körper auszulösen, und aktiviert wird, wenn die wahrgenommene Gefahr oder Stresssituation vorüber ist. Manchmal bleibt allerdings unser Stresslevel zu lange zu hoch, dann müssen wir bewusst Einfluss auf unser Nervensystem nehmen und ihm helfen, sich zu beruhigen. Damit wir unser InnSæi aktivieren und Zugang zu ihm finden können, ist es wichtig, dass unser Geist ruhig ist und die beiden Systeme im Gleichgewicht sind. Dabei helfen uns einfache Techniken wie Erdung, Meditation, Achtsamkeit und Atemübungen. Yoga, Sport und Aktivitäten im Freien können uns ebenfalls dabei unterstützen, Geist und Körper zu verbinden, um InnSæi zu verkörpern. Hier sind ein paar Übungen, mit denen Sie Ihr parasympathisches System aktivieren können.

**Atemarbeit – durch das Zwerchfell atmen**

- Legen Sie eine Hand auf den Bauch und die andere auf die Brust.
- Beim Einatmen fühlen Sie, wie Ihr Bauch sich wölbt, und beim Ausatmen sollte Ihr Bauch sich wieder zusammenziehen. Das nennt man auch «Bauchatmung».
- Atmen Sie länger aus als ein. Versuchen Sie, die Ausatmung zu bremsen, indem Sie die Lippen spitzen, als wollten Sie einen Luftballon aufblasen.
- Wiederholen Sie das ein paarmal und spüren Sie die beruhigende Wirkung auf Ihren Organismus.

**Nach dem Sport kaltes Wasser ins Gesicht**

- Körperliche Anstrengung steigert die Aktivität des Sympathikus (den «Kampf oder Flucht»-Modus) und die Stressreaktion, sodass das Herz schneller schlägt. Studien haben gezeigt, dass kaltes Wasser im Gesicht eine einfache Methode ist, das parasympathische Nervensystem über den Vagusnerv zu reaktivieren. Das senkt die Herzfrequenz, wirkt beruhigend und regt das Immunsystem an.

- Kaltes Wasser im Gesicht (oder am Körper) wirkt auch unabhängig von Sport aktivierend auf den Vagusnerv.

**«Om» singen**

- Ein sehr wirksames Mittel, um den Vagusnerv zu stimulieren, ist, die Silbe «Om» immer wieder zu singen.
- Spüren Sie, wie der Klang in Ihnen vibriert, vom Bauch und der Wurzel des Vagusnervs bis hinauf in den Kopf.
- *Om* ist ein sehr einfacher Laut mit einer komplexen Bedeutung. Er steht für die Einheit von Körper, Geist und Seele und wird im Yoga häufig verwendet, in Mantren und in unterschiedlichen Religionen wie dem Hinduismus und dem Buddhismus. Er hilft Ihnen, zur Ruhe zu kommen und ein Gefühl inneren Friedens zu erzeugen.

*Kapitel 1 in Stichpunkten*

★ InnSæi bedeutet *das innere Meer, nach innen sehen* und *von innen heraus sehen.*

★ InnSæi ist ein verkörpertes Gefühl. Wir kehren zu uns selbst heim und verbinden uns durch unseren ganzen

Körper mit InnSæi. Hören und achten Sie darauf, wie Ihr Körper zu Ihnen spricht und Sie zu ihm.

- ⋆ Bringen Sie den Lärm in Ihrem Kopf und außerhalb zum Schweigen, um Zugang zu InnSæi zu erlangen.
- ⋆ Der rationale Geist plappert unablässig über Gedanken, Stress, materiellen oder finanziellen Druck und kann dadurch den Fluss von InnSæi blockieren.
- ⋆ InnSæi ist zeitlos; es verflicht alte Weisheit mit moderner Wissenschaft und sieht alles als miteinander verbunden.
- ⋆ Wir alle haben InnSæi. Es ist unser innerer Kompass, und es liegt an uns, auf ihn zu achten und ihn regelmäßig upzudaten.
- ⋆ Wir sind nicht unsere Gedanken; wir sind die Denker unserer Gedanken. Wenn unsere Verbindung zu InnSæi gestört ist, zweifeln wir an uns selbst, werden unentschlossen und verlieren an Selbstvertrauen.
- ⋆ Wir kommunizieren nicht nur mit Worten, sondern auch mit unserem ganzen Körper, durch Energiefelder und Gehirnwellen.
- ⋆ Übung, Expertise und Selbsterkenntnis stärken unser InnSæi.
- ⋆ Üben Sie, mit Ihrem InnSæi in Einklang zu kommen. Wenn wir mit InnSæi im Einklang sind, haben wir ein intrinsisches Verständnis davon, wie alles miteinander verbunden ist, und sind tiefer mit unserer eigenen Menschlichkeit verbunden.
- ⋆ Selbstbewusstheit befähigt uns, unseren Energiehaushalt auszugleichen und zu erkennen, wie wir unser InnSæi optimieren können. Wenn wir uns in einer Situation verlie-

ren, finden wir Sicherheit, indem wir unseren Geist zurück in den Körper holen. Wir öffnen unsere Sinne und nehmen wahr, wie die Welt auf uns zukommt.

- Aufmerksamkeit ist der Schlüssel zu Selbstbewusstheit, Kreativität und InnSæi. Achten Sie darauf, worauf Sie achten, beziehen Sie dabei Ihren ganzen Körper ein und notieren Sie Ihre Beobachtungen in einem Tagebuch. Nehmen Sie zur Kenntnis, worauf Sie Ihre Aufmerksamkeit richten, ohne darüber zu urteilen.

KAPITEL 2

# Die heilende Kraft von InnSæi

> Sehen Sie sich an, sehen Sie sich um. Unglückliche Menschen, verwirrte Menschen. Unser Verstand und unser Körper sind völlig getrennt. So viele Menschen leben in ihrem Kopf, nicht in ihrem Gefühl. Irgendwas läuft hier ganz falsch.
>
> *Marina Abramović, Performance-Künstlerin, in dem Film* InnSæi – Die Kraft der Intuition

Mit Ende zwanzig lief ich gegen eine Wand, verlor die Orientierung und versank in Dunkelheit. Diese Dunkelheit zwang mich dazu, mich *nach innen* zu verbinden, da ich sonst nichts hatte, wohin ich mich hätte wenden können. Ich bin aus diesem Lebensabschnitt ein bisschen als anderer Mensch hervorgegangen, und was damals geschah, hat mein ganzes weiteres Leben geprägt. Meine Geschichte – wie ich die Hoffnung im Leben verlor, wie ein körperlicher Zusammenbruch mir bewusst machte, dass ich meinen Zugang zu InnSæi verloren hatte – ist durchaus kein Einzelfall. Viele Menschen überall auf der Welt machen ähnliche Erfahrungen.

Wir alle haben ein inneres Bedürfnis nach Zugehörigkeit, danach, in unserem Leben einen Sinn und eine Bedeutung zu finden. In einem Zeitraum von etwa vier Jahren veränderte sich meine Verfassung grundlegend: Früher war ich im Einklang mit meinem InnSæi und steuerte furchtlos durchs Leben, indem ich es als inneren Kompass nutzte. Doch dann verlor ich den Zugang zu meinem InnSæi und mit ihm meine Orientierung, mein Selbstvertrauen, mein Gefühl der Zugehörigkeit und Bestimmung. Als ich die Verbindung mit meinem InnSæi wiederfand, war es wie eine Heimkehr zu mir selbst, nur dass mir jetzt noch stärker bewusst war, wie es mich nährte und leitete. Nachdem ich diesen ernüchternden Lebensabschnitt hinter mir gelassen hatte, konnte ich inniger lachen und weinen, ich empfand Dankbarkeit und hatte den Mut, mir selbst zu erlauben, ein erfüllteres Leben zu führen als je zuvor und es in vollen Zügen auszukosten. Als ich meine Verbindung zu InnSæi wiederentdeckte und lernte, mich seinen Rhythmen anzupassen, kam die Welt in mir und um mich herum wieder in Bewegung und in Fluss. Mein Heilungsprozess hatte begonnen.

Oft will der Schmerz, den wir empfinden, uns etwas über uns selbst und die Situation, in der wir uns befinden, sagen. Dieses Kapitel ist eine Einladung, den Gedanken zuzulassen, sich selbst zu erlauben, an Schmerz zu wachsen. Wir wollen der Frage nachgehen, warum es wichtig ist, in unserem Leben Raum für Melancholie und Verletzlichkeit zu schaffen, und grundsätzliche Fragen über das Leben, die Liebe und den Sinn stellen.

Schon früh im Leben träumte ich davon, mich beim Roten Kreuz oder den Vereinten Nationen für Menschenrechte einzusetzen, denn ich wollte dazu beitragen, die Welt zu verbessern. Die 1990er waren für mich ein prägendes Jahrzehnt – ich wurde erwachsen, beendete das College, erwarb zwei Universitätsabschlüsse und arbeitete als Journalistin in der Auslandsberichterstattung.

1993 sah ich den Film *Im Namen des Vaters*, basierend auf der wahren Geschichte von vier Personen, die zu Unrecht für die Bombenanschläge auf zwei Pubs in Guildford in Surrey, England im Jahr 1974 verurteilt wurden. Inspiriert durch diesen Film, begann ich mich als Freiwillige bei Amnesty International zu engagieren. Damals war Krieg im ehemaligen Jugoslawien, und ich musste mich für ein Thema für meine Studienarbeit in Sozialanthropologie an der University of Iceland entscheiden. Ich war hin- und hergerissen zwischen der Fragestellung, wie Musik Unterströmungen in der modernen Kultur widerspiegelt, und dem Thema des zivilen Ungehorsams während der Kriege im ehemaligen Jugoslawien. Auf beide Themen kam ich, weil ich mit offenen Antennen durchs Leben ging und die Welt um mich herum aufmerksam wahrnahm. Je mehr ich versuchte, mich in die Lage der Menschen zu versetzen, die von diesen Kriegen betroffen waren, umso mehr wollte ich erfahren.

Die Mainstream-Medien erzählten die Geschichte eines religiös und ethnisch bedingten Krieges zwischen «Guten» und «Bösen» mit grauenhaften Konsequenzen für die Zivilbevölkerung, die Folter, Mord und Vertreibung ausgesetzt war. Ich hatte Bilder von Panzern, Explosionen und Flüchtlingen gesehen und Berichte von hochrangigen Amtsträgern, überwiegend Männern, gelesen, die sich zusammensetzten, um die Konflikte beizulegen. Aber ich wusste intuitiv, dass in diesem Narrativ etwas fehlte, und ich begann, selbst Fragen zu stellen. Was würde ich tun, wenn ich in diese Situation hineingeboren worden wäre? Ich wollte wissen, ob Menschen versuchten, den Kriegen gewaltlosen Widerstand entgegenzusetzen, oder irgendetwas taten, um Frieden zu stiften. Am Ende schrieb ich sowohl meine Studien- als auch meine Abschlussarbeit über informellen und gewaltlosen Widerstand während der Kriege im ehemaligen Jugoslawien. Soweit ich es aufgrund meiner ersten Nachforschungen und meiner Gespräche mit Professoren und anderen Fachleuten beurteilen konnte, gab es zu jener Zeit kaum Forschung zu dem Thema. Auf diese Weise eröffnete mir mein InnSæi eine ganz neue Welt, die ich anders nicht entdeckt hätte, brachte mich mit Menschen zusammen und führte mich an Orte, von denen ich nie gedacht hätte, dass ich sie einmal kennenlernen würde.

## Empathie öffnet ein Fenster

Ich nahm über das Internet Kontakt zu einer Gruppe sehr unterschiedlicher Personen auf, die mich bereitwillig dabei unterstützten, die Geschichte des informellen Widerstands während der Kriege zu verstehen. Sie erzählten mir eine Geschichte, die nirgends sonst zu finden war. Menschen leisteten friedlichen Widerstand gegen die Kriege durch Radio und Printmedien, Menschenrechtsaktivismus, mit den Mitteln des Films, der Musik und der bildenden Kunst. Sie bearbeiteten historische Plakate, etwa das berühmte Rekrutierungsplakat mit Uncle Sam aus dem Ersten Weltkrieg. Den Text des Originals, «I Want You for U.S. Army», ersetzten sie durch «I Want You – to Save Sarajevo», einen Aufruf zur Rettung der bosnischen Stadt Sarajevo, die drei Jahre lang unter Belagerung stand.

Menschen schickten mir ihre Tagebücher zu und teilten Aufrufe zum Handeln mit mir sowie Appelle um Unterstützung an die Mainstream-Medien und Politiker in Europa und den USA. Ich führte über E-Mail und Telefon Interviews mit Menschen aus dem ehemaligen Jugoslawien, anderen europäischen Ländern, Russland und den USA, die dazu beigetragen hatten, auf die Situation aufmerksam zu machen. Einer meiner Interviewpartner hatte 1991 daran mitgearbeitet, ein grenzübergreifendes Online-Kommunikationssystem einzurichten, um der staatlich kontrollierten Kriegspropaganda etwas entgegenzusetzen. Wie wir wissen, wird erhebliche Macht ausgeübt, um den Informationsfluss und die Medien zu steuern, und die Geschichte hat uns gelehrt, dass Informationen eine entscheidende Rolle für die Erzeugung von Narrativen spielen, auch solchen über Kriege und Polarisierung. Dieses Kommunikationssystem war als Gegenpol zu staatlicher Propaganda gedacht, es sollte den Dialog und die Solidarität fördern. Es hieß ZaMir, das ist Serbokroatisch und bedeutet «für den Frieden». Es handelte sich um ein E-Mail-System, das Menschen aus verschiedenen Teilen des ehemaligen Jugoslawien ermöglichte, über die Frontlinien hinweg Unterstützung und Logistik zu organisieren sowie Falschmeldungen richtigzustellen. Meine Kontaktperson, die Mitgründer war, gewährte mir bereitwillig Zugang zur Kommunikation aus einem Zeitraum von fünf Jahren, von 1991 bis 1995. Ich speicherte alles auf einem Stapel Disketten, las und analysierte. Indem ich Fremden Empathie entgegenbrachte und meinem InnSæi auf unbekanntes Territorium folgte, hatte ich ein Fenster zu einer Welt aufgestoßen, die mir sonst verborgen geblieben wäre.

ZaMir war bereits zwei Jahre in Betrieb, bevor das Internet öffentlich wurde, und fast zehn Jahre, bevor die sozialen Medien aufkamen. Wenn ich jetzt darüber schreibe, frage ich mich, wie anders alles hätte kommen können, wenn es in den Geschäftsmodellen der heutigen sozialen Medien wirklich darum ginge, Austausch und Solidarität zu fördern, anstatt Vereinsamung und Polarisierung voranzutreiben, während alle Anstrengung darauf verwendet wird, «unseren Geist zu hacken» und unsere Aufmerksamkeit zu fesseln.

Als ich gegen Ende 1998 meine Bachelorarbeit fast fertiggestellt hatte, tobte der Krieg im Kosovo, damals Teil von Serbien, noch immer. Ein amerikanischer Professor, an den ich mich ein paar Wochen zuvor mit der Bitte um Rat gewandt hatte, schickte mir die E-Mail-Adresse einer Frau namens Igballe Rogova, einer der bekanntesten Menschenrechtsaktivistinnen des Kosovo, damit ich sie für meine Bachelorarbeit interviewen konnte. Letztendlich entschieden wir uns allerdings gegen das Interview, um sie nicht unnötig in Gefahr zu bringen, da zur fraglichen Zeit im Kosovo offener Krieg herrschte. Später entdeckte ich jedoch, wie klein die Welt ist und wie sehr sie dadurch geprägt wird, wohin wir unsere Aufmerksamkeit richten und was für Beziehungen wir aufbauen: Knapp drei Jahre später, 2001, war ich selbst im Kosovo und arbeitete mit Igballe Rogova – oder Igo, wie wir sie nannten – zusammen. Und 2004, als ich noch einmal zu einem kurzen Arbeitsaufenthalt in den Kosovo kam, hatte sie auf ihrem Computer ein Bild meiner neugeborenen Tochter Rán als Bildschirmschoner. Wer hätte das vier Jahre zuvor ahnen können?

## Der Welleneffekt von Kriegen

Im Juni 1999 endete der Krieg im Kosovo, und der Prozess des Wiederaufbaus und der Friedenskonsolidierung begann. 2001 wurde ich Programmmanagerin für eine der UN-Organisationen im Kosovo, die damals UNIFEM hieß. Ich war 27 Jahre alt und arbeitete für ein Jahr dort, aber es kam mir vor, als seien zehn Jahre in dieses eine gepackt. Ich erkannte bald, dass Kriege nicht mit Friedensvereinbarungen enden – sie ziehen Welleneffekte nach sich, die durch Generationen hindurch in die Zukunft wirken. Als ich in den Kosovo kam, war es mir, als ginge ich in eine offene Wunde hinein. Die Nachwirkungen des Krieges lagen in der Luft, ich konnte sie riechen, ich sah sie in den Augen der Menschen, ihrer Körperhaltung, den Ruinen der Gebäude. Eine weiße Kirche lag in Trümmern wie ein zerschmetterter Vogel am Straßenrand. Ein Sportzentrum und Wohnhäuser mit Wänden voller Einschusslöcher zeugten von der Gewalt. Überall lag Abfall herum, Gestank hing in der Luft; streunende Hunde liefen umher, die Nase witternd am Boden, und richteten sich auf das Leben auf der Straße ein, nachdem sie ihr Zuhause und ihre Familie verloren hatten. Ich traf Menschen, die nicht in der Lage waren, Blickkontakt herzustellen, voller Angst und Zorn, hauptsächlich aber erschöpft und mit gebrochenem Herzen.

Die sogenannten verlassenen Kinder – gezeugt durch Vergewaltigung oder auch durch heimliche Liebe zwischen Menschen, die im Krieg auf gegnerischen Seiten gestanden hatten – wurden auf Türschwellen oder Parkplätzen abgelegt, der Gnade Gottes oder unbarmherziger Fremder überlassen. Im Krankenhaus von Pristina, der Hauptstadt des Kosovo, lagen diese ungeliebten kleinen Wesen in Plastikbettchen, die Wangen waren dick mit sauer gewordener Milch verkrustet, und Kakerlaken krabbelten auf ihnen herum. Das Rote Kreuz engagierte eine Gruppe von uns dafür, nach unserer eigentlichen Arbeit diese Kinder zu besuchen. Es ging darum, ihnen Zuwendung zu geben, sie zu berühren, in den Arm zu nehmen, weil es sonst niemand tat. Ohne menschliche Zuwendung würden sie es schwerer haben, die emotionalen Fähigkeiten zu entwickeln, die nötig sind, um Nähe und Vertrauen zu anderen Menschen aufzubauen.

Krieg bringt Tod und Zerstörung mit sich, und das spürt man, auch wenn man den Krieg selbst nicht erlebt hat. Man nimmt es mit den Sinnen wahr. Das meiste bleibt unter dem Radar des Bewusstseins und versetzt das Nervensystem in Alarmbereitschaft. Es drängt in Form von Albträumen an die Oberfläche, die so real sind, dass man glaubt, Ungeziefer über seinen Körper krabbeln zu fühlen – man will laut schreien, doch es kommt kein Laut.

Im Kosovo drehte sich für mich alles darum, für die Opfer des Krieges etwas zu bewirken und zu einer Zukunft in Frieden und Demokratie beizutragen. Doch ich hatte nie gelernt, wie man sich persönlich abgrenzt, ich hatte nicht einmal eine Ahnung, warum das wichtig ist. Vielmehr war ich überzeugt, dass es ein Zeichen von Schwäche wäre, mir Zeit für mich zu nehmen und meine Akkus aufzuladen.

Ich glaubte zu wissen, wie ich mit dem Trauma und der Trauer um mich herum umgehen musste, dabei schottete ich mich nur gegen diese Emotionen ab, schloss sie in meinem Körper ein und setzte mich ständig selbst unter Druck, mehr zu leisten. Mein Schlafmangel wurde immer schlimmer, ebenso wie die Nervenschmerzen aufgrund mehrerer Bandscheibenvorfälle. Irgendwann hatte ich so sehr den Kontakt zu mir selbst verloren, dass ich zum Umdenken gezwungen wurde.

Während einer Reise vom Kosovo nach Kasachstan hatte ich eine Nacht Aufenthalt im Frankfurter Flughafen. Am Morgen vor meinem Anschlussflug bekam ich schreckliche Schmerzen und fing an zu bluten. Ich dachte mir nicht viel dabei, sondern schluckte einfach ein paar Schmerztabletten und setzte meine Reise fort. Erst später wurde mir klar, dass ich eine Fehlgeburt gehabt hatte. Das hätte eigentlich ein Weckruf sein müssen, doch stattdessen machte ich weiter wie vorher.

Ob es zu der Fehlgeburt gekommen war, weil ich mich übernommen hatte, oder ob die Schwangerschaft ungeachtet der Umstände einfach nicht sein sollte – jedenfalls machte dieser Vorfall deutlich, wie sehr ich den Kontakt zu meinem eigenen Körper und meinen Gefühlen verloren hatte. Meine Durchhaltestrategie bestand darin, meine physische und emotionale Gesundheit hintanzustellen – ich dachte, ich bräuchte einfach ein dickes Fell. Oder vielleicht ging ich so leidenschaftlich in meiner Arbeit auf, dass ich gar nicht bemerkte, wie mir die Verbindung zu meiner Seele abhandenkam.

## Ein Weg zurück nach Hause

Bevor ich in den Kosovo ging, hatte ich in Reykjavík, Island, an einem internationalen Auswahlverfahren teilgenommen in der Hoffnung, eine Stelle bei den Vereinten Nationen zu bekommen. Das war eine seltene Gelegenheit. Wenn ich angenommen wurde, bedeutete das, dass ich mein Leben lang im Dienst der UN stehen und in verschiedenen Unterorganisationen in unterschiedlichen Regionen der Welt tätig sein würde. Während meiner Zeit im Kosovo erhielt ich ein Schreiben, unterzeichnet vom Generalsekretär der Vereinten Nationen, Kofi Annan. Darin wurde mir eine Stelle angeboten, zunächst bei der Wirtschaftskommission für Europa der Vereinten Nationen (UNECE) in Genf.

Im Sommer 2002 reiste ich vom Kosovo nach Genf, um eine Festanstellung bei den Vereinten Nationen anzutreten. Ich war begeistert über diesen steilen Karrierestart. Mein Büro befand sich im Palais des Nations in einem stilvollen Gebäude mit weitläufigen Gärten, prächtigen Pfauen auf dem Rasen und Ausblick auf den Mont Blanc. Doch so wunderschön es äußerlich war, so erdrückend fühlte es sich für mich an. Leider hatte die Hierarchie und Bürokratie in Genf eine betäubende Wirkung; hier war es so anders als im Kosovo, wo wir Verantwortung trugen und wirklich etwas bewegen konnten. UNIFEM brachte während meiner Zeit dort die Wiederaufbauarbeit nach dem Krieg gerade erst in Gang, sodass unsere Arbeitsumgebung von Unternehmergeist geprägt war, noch nicht so sehr der starren Verwaltungsstruktur der UN unterworfen. Im Kosovo standen wir in direktem Kontakt mit den Menschen, die unsere Unterstützung brauchten. In der institutionellen Umgebung in Genf hingegen, bei der UNECE mit ihren 55 Mitgliedsstaaten, fühlte ich mich vom Rest der Welt abgeschnitten. Ich bekam das Gefühl, ich diente einem System, anstatt dass das System den Menschen und dem Planeten diente.

Ich wurde zunehmend frustriert, war innerlich nicht mehr bei der Sache und fing sogar schon an, meinen vorzeitigen Ruhestand zu planen, weil ich nicht den Mut aufbrachte, meine Stelle zu kündigen. Dass ich die Arbeit nicht als erfüllend empfand, schien mir nicht Grund genug zu sein, sie aufzugeben, und so ignorierte ich geraume Zeit meine innere Stimme und mein InnSæi. Im Rückblick sehe ich, wie mein InnSæi versuchte, sich bei mir bemerkbar zu machen – durch Tagträume, kleine Eingebungen und die Kommentare, die mir in Gesprächen mit Freunden und Verwandten rausrutschten. Ich plante, was ich tun wollte, wenn ich nach fast drei Jahrzehnten in den Ruhestand gehen würde. Ich malte mir aus, wie ich mit Ende fünfzig sein würde – ich würde schreiben und Dinge in Bewegung setzen, ich würde mich dafür engagieren, Menschen in ihrer schöpferischen Kraft zu fördern und eine nachhaltige Zukunft zu gestalten. Während dieser Zeit beschlossen mein Verlobter und ich, eine Familie zu gründen. Wir waren schon seit etwa zehn Jahren zusammen, und ehe wir uns versahen, war ich mit unserem ersten Kind schwanger. Wenigstens in meinem Privatleben schien es also gut zu laufen, und ich blickte optimistisch in die Zukunft.

Aber wenn ich in dieser Phase meines Lebens eins gelernt habe, dann, dass wir nichts als selbstverständlich betrachten sollten. Mein vermeintlicher Traumjob, um den ich mich so sehr bemüht hatte, machte mich unzufrieden, und ich hatte das Gefühl, auf der Stelle zu treten. Wenig später begann auch meine Beziehung mit dem Mann, den ich liebte, in die Brüche zu gehen.

Wir entschieden, dass unsere Tochter in Island zur Welt kommen sollte. Als sie geboren wurde, hatten sich die Dinge bereits zum Schlechteren verändert, und unsere Beziehung hing am seidenen Faden. Eine Trennung schien der einzige Ausweg zu sein. Ich war am Boden zerstört. Bald würde mein Mutterschutz enden, und so fing ich an, meine Rückkehr nach Genf vorzubereiten, diesmal als alleinerziehende Mutter. Ich suchte mir eine neue Wohnung und organisierte die Kinderbetreuung, aber als alles in die Wege geleitet war, drängte sich mir eine Frage auf: *Will ich das hier wirklich?*

Das konnte nur ich allein beantworten, und in der Verfassung, in der ich mich befand, fiel es mir nicht leicht. Ich litt seit Monaten an Schlafmangel, mein Nervensystem war strapaziert und angespannt. Einmal forderte eine Krankenschwester mich auf, tief Luft zu holen, aber ich war buchstäblich nicht dazu in der Lage – ich hatte einfach nicht die Kraft. Die Rückenschmerzen kehrten wieder, bei mir wurde ein dreifacher Bandscheibenvorfall diagnostiziert, und mir wurde gesagt, ich würde vielleicht nicht mehr in Vollzeit arbeiten können. Es fiel mir schwer, mit anderen über meine Probleme zu sprechen, und ich fühlte mich verloren und einsam. Ich war am Boden.

Die Geburt meiner Tochter hat mich viel über meinen Körper gelehrt. Ich betrachtete ihn in einer Weise, wie es mir früher niemals eingefallen wäre – ich staunte ehrfürchtig über seine Komplexität, Resilienz und sein Vermögen, ein wunderbares menschliches Wesen auszutragen und auf die Welt zu bringen. Auch die Bandscheibenvorfälle in der Wirbelsäule, wo ein so großer Teil des Nervensystems sitzt, lenkten meine Aufmerksamkeit weiter auf meinen Körper, bis ich wirklich begriff, dass ich hier ansetzen musste. Ich lernte, auf meinen Körper zu hören, physische und mentale Stärke aufzubauen. Ich lernte, gesunde Mahlzeiten zuzubereiten, sie schön anzurichten und achtsamer zu essen. Ich begann zu spüren, wie Körper und Geist miteinander in Beziehung stehen und sich gegenseitig stärken können.

Um den Weg zum Inneren meiner Seele frei zu machen und mein InnSæi zu aktivieren, beschloss ich, ein Tagebuch zu führen. Ich schrieb auf, was ich erlebte, formulierte unterschiedliche Satztypen und experimentierte damit, wie es sich anfühlte, wenn ich die geschriebenen Worte las. Mir wurde bewusst, dass mein InnSæi am deutlichsten durch meinen Bauch zu mir sprach – bei manchen Sätzen spürte ich einen

Knoten im Bauch, bei anderen fühlte er sich ruhiger an. Ich bemühte mich, beim Schreiben meinen Gefühlen und Gedanken freien Lauf zu lassen, ohne sie zu beurteilen – ich wollte einfach sehen und annehmen, was immer ich gerade empfand.

Ich verbrachte viel Zeit im Freien, schob meine Tochter in einem bequemen Kinderwagen spazieren, atmete die frische Luft an der Küste, wo ich lebte, oder in dem Nationalpark in der Nähe. Ich liebte meine Tochter in einer Weise, wie ich nie zuvor empfunden hatte, und für sie zu sorgen, machte mich glücklich. Ich spürte die heilende und erdende Kraft der Natur und wie die starken Winde Islands meine Gedanken klärten, verbunden mit dem kathartischen Prozess des Tagebuchschreibens. Nach einiger Zeit konnte ich etwas freier über meine Möglichkeiten nachdenken, nachdem ich meine Situation zuvor als sehr beengend empfunden hatte. Ich begann, mich meinem engsten Freundeskreis anzuvertrauen, bei dem ich Unterstützung fand. Die Gedanken, die unkontrollierbar in meinem Kopf herumgewirbelt waren und mir nachts den Schlaf geraubt hatten, beruhigten sich allmählich, und mein Geist wurde klarer. Eines Tages, als ich an der Küste nahe meinem Haus spazieren ging, kam mir eine Frage in den Sinn: *Hrund, wenn du einmal alt bist, wie willst du dann auf dein Leben zurückblicken?*

Und auf einmal stand es mir bildlich vor Augen wie ein Kurzfilm, lauter Szenen aus meinem zukünftigen Leben, die ein sehr anderes Ich zeigten. Plötzlich sah ich mich als eine Frau, die frei war, zu erkunden und auszusprechen, was sie dachte, die die Welt bereist und ein erfülltes Leben geführt hatte. Diese Empfindung war so real, dass ich sie körperlich spüren konnte. Das war das Leben, das ich wollte. Ich wusste jetzt, was ich tun musste, und mit diesem Wissen kam eine starke Ruhe, ein Gefühl inneren Friedens. Zwar lag mein Leben größtenteils noch immer in Scherben, aber in diesem Moment erschien es irgendwie, als hätte sich alles gefügt. Ein paar Tage später kündigte ich meine Festanstellung bei den Vereinten Nationen.

Das war ein gewagter Sprung ins Ungewisse. Ich wusste nur, dass es an diesem Punkt das Richtige für mich war. In den Monaten danach ging ich zur Physiotherapie; ich suchte Rat bei Heilern und weisen Menschen; ich las alles Verfügbare über die Verbindung von Geist und Körper und über Kreativität; und ich lernte, mich selbst wieder aufzubauen und ein bisschen mehr auf das Leben und den Fluss zu vertrauen. Ich lernte, mich nicht länger gegen Veränderungen zu sperren, die bereits im Gange waren, und ich schöpfte den Mut, den ich brauchte, um mich meinen Ängsten zu stellen.

Was mir mit am meisten zu schaffen machte, war die Identitätskrise, die daraus entstand, dass ich meine Festanstellung bei der UN aufgegeben hatte und jetzt ohne richtigen Beruf und Karriereaussichten dastand. Wer war ich überhaupt ohne einen Beruf?. Wie konnte ich meinen Traumjob mit gesichertem Einkommen an den Nagel hängen? Erst wenige Jahre zuvor hatte meine Karriere mit einem Paukenschlag begonnen, und nach den Maßstäben der meisten Leute hatte ich beeindruckend viel erreicht – immerhin hatten sich mir bereits in so jungen Jahren einzigartige Möglichkeiten aufgetan. Ich fühlte mich, als sei ich von einer Klippe gestürzt oder von einem Podest, und ich brauchte einige Zeit, um mein Selbstvertrauen wiederaufzubauen.

Ich begann zu verstehen, wie schwierige Emotionen sich als Spannungen in meinem Körper festgesetzt hatten, sodass meine Muskeln und Gelenke steif und steinhart geworden waren. Mein Rücken erholte sich nur langsam, ich hatte ständig Schmerzen, und oft war es schon eine echte Herausforderung, einfach nur meine Tochter hochzunehmen und im Arm zu halten. Ich erinnere mich noch an den Tag, an dem ich mich wieder tief genug bücken konnte, um meine Zehen zu berühren – das war anderthalb Jahre nach ihrer Geburt. Ich begann mit Achtsamkeitsübungen und verschiedenen Arten Yoga und Meditation, und ich erkannte den Wert einfacher, gesunder Mahlzeiten, die farbenfroh und schön angerichtet sind.

Ich nahm bewusster wahr, wenn ich Unterstützung und Zuwendung von anderen erfuhr, und achtete darauf, mich für kleine Siege selbst zu belohnen. Ich lernte etwas über das wichtige Gleichgewicht zwischen Geben und Empfangen, Tun und Sein, Planen und Schaffen. All das trug wesentlich dazu bei, mir selbst mehr Zuwendung und Fürsorge zu geben. Mit der Zeit lachte ich mehr, ich gönnte mir mehr Erholung, weinte mehr und begann, meine eigenen Unzulänglichkeiten zu lieben, anstatt nach Perfektion zu streben. Ich nahm den Rat weiserer Menschen an und reiste in der Zeit zurück, um mich wieder mit meinem inneren Kind zu verbinden. Ich fing wieder an, zu zeichnen, zu malen und zu schreiben. Meine Kreativität wiederzuerwecken, erwies sich als entscheidender Teil meines Heilungsprozesses. Ich schrieb Kurzgeschichten, ein Theaterstück, Gedichte, einen Roman, Projektanträge, ich entwarf das Studienmodul, das ich selbst gern absolviert hätte, und nahm diverse Berateraufträge an, die mir halfen, meinen Lebensunterhalt zu bestreiten. Ein Teil dessen, was ich schrieb, wurde veröffentlicht oder aufgeführt; manche der Projekte, die ich entwarf, wurden realisiert, andere hingegen abgelehnt. Allmählich wurden schwierige Emotionen aus dem trüben Wasser in meinem Inneren freigesetzt und gelöst, und ich gewann Klarheit.

**Schritte, um sich mit seinem Inneren zu verbinden und zu heilen**

- Achten Sie darauf, sich möglichst viel Schlaf und Ruhe zu gönnen.
- Atmen Sie tief, und atmen Sie doppelt so lange aus wie ein. Beobachten Sie, wie das Ihr Nervensystem beruhigt.
- Arbeiten Sie mit Ihrem Schmerz und durch ihn. Schreiben und sprechen Sie darüber. Drücken Sie ihn auf jede erdenkliche konstruktive Art aus. Wenn Sie ihn bekämpfen oder unterdrücken, wird er bleiben.
- Verbringen Sie Zeit in der Natur, achten Sie auf Texturen, Farben, Gerüche und das Verhalten von Tieren.
- Lächeln Sie – und beobachten Sie, wie das auf Sie selbst und andere wirkt.

- Erleben Sie, wie die Zeit sich dehnt und langsamer vergeht, wenn Sie voll und ganz im Augenblick präsent sind.
- Schreiben Sie täglich in Ihr Tagebuch, um Emotionen und Gedanken loszulassen und Ihren Geist zu beruhigen (siehe Kapitel 4).
- Bereiten Sie Ihr Essen mit Sorgfalt, Geschick und Liebe zu. Trinken Sie reichlich Wasser.

**Durch die Augen leben – eine Fünf-Minuten-Meditation**

- Nehmen Sie eine bequeme Haltung ein, schließen Sie die Augen und atmen Sie tief.
- Beobachten Sie, wie Ihr Atem Sie atmet.
- Stellen Sie sich Ihre Augen als wunderschöne Glutstückchen vor.
- Beim Einatmen spüren Sie, wie Ihre Augen vor Energie Funken sprühen.
- Beim Ausatmen lächeln Sie mit den Augen.
- Wiederholen Sie dies, so oft Sie möchten.

## Mein Freund, der Schmerz

Dieser Schmerz ist ein Gletscher, der durch dich durchgeht
Und tiefe Täler gräbt
Und herrliche Landschaften erschafft
Und die Erde nährt
Mit kostbaren Mineralien und anderem

*Nach «Glacier», Musik und Text von John Grant, aus dem Album* Pale Green Ghosts *(Bella Union 2013)*

Schmerz in der Seele braucht mehr Zeit zum Heilen als ein gebrochenes Bein. Wenn wir uns gegen Veränderungen sträuben, die bereits im Gange sind, oder gegen Erfahrungen, die zu verarbeiten uns schwerfällt, gehen sie davon nicht weg – sie frieren stattdessen in uns ein. Gletscher und Schmerz können uns viel über die Zeit lehren: Man kann beobachten, wie ein Gletscher kalbt, aber niemals den umgekehrten Vorgang; das Leben läuft nicht rückwärts. Wissenschaftler sprechen vom «Zeitpfeil». Es ist wichtig, in Bewegung zu bleiben, loszulassen und durch Schmerz zu wachsen. InnSæi, das innere Meer, impliziert ständige Bewegung und die Logik des Wassers. Wenn es einfriert oder in Raster gezwungen wird, hört es auf zu fließen. Sich gegen Schmerz zu wehren und unsere Emotionen zu unterdrücken, friert das innere Meer ein. Wenn wir uns unserem Schmerz mit Wärme und Aufmerksamkeit zuwenden, können schwierige Emotionen freigesetzt werden, und das Eis in uns kann schmelzen.

Schmerz ist überall um uns herum – und vielleicht jetzt gerade auch in Ihnen. Was fangen wir mit Schmerz in all seinen unterschiedlichen Formen an? Betäuben wir ihn, oder erlauben wir uns, ihn zu fühlen und an ihm zu wachsen? Wir dürfen uns Zeit lassen, uns in Etappen durch den Schmerz hindurchzuarbeiten, das ist völlig in Ordnung. Schwierige Erfahrungen haben die Tendenz, im Laufe unseres Lebens immer wieder aufzutauchen, in unterschiedlicher Form, abhängig von den Umständen und davon, was wir bereits unternommen haben, um sie zu verarbeiten und zu heilen.

Es ist wie in dem Songtext von John Grant: Der Schmerz wandert mit der Zeit durch uns hindurch, wie ein Gletscher, der schmilzt, und dabei nährt er uns mit unterschiedlichen Mineralien und formt unsere innere Landschaft. Andere Menschen machen vielleicht Schmerz durch, ohne dass wir es bemerken – er ist nicht immer von außen sichtbar. Wir können auch Schmerzen haben und gleichzeitig glücklich sein. Das Leben ist vielschichtig. Mit Zeit und Zuwendung verwandeln sich Gefühle, sie fließen, nehmen eine andere Gestalt an oder verflüchtigen sich wie verdunstendes Wasser, wenn wir verzeihen und loslassen können. Ganz allmählich heilen wir.

Trauma ist ein großes Wort, und ich habe lange Zeit vermieden, es zu gebrauchen. Aber inzwischen habe ich akzeptiert, dass wir alle in unserem Leben Traumata durchmachen, angefangen mit der Geburt. «Um heilen und an Schmerz und Trauma wachsen zu können, müssen wir vor allem verstehen, dass das Gehirn und der Körper darauf ausgerichtet sind, sich selbst zu heilen», sagt Dr. Rebekah Granger-Ellis, eine Expertin für Neurogesundheit und Neurobiologie des Lernens. Sie hat mit führenden Persönlichkeiten in der Wirtschaft sowie mit internationalen Organisationen mit dem Ziel gearbeitet, Einstellungen zu verändern, Traumata zu heilen und Resilienz zu fördern, bei Kindern und Jugendlichen wie auch bei Erwachsenen. Trauma kann jede schlimme Erfahrung im Leben sein, sei es Vernachlässigung, Mobbing, Zurückweisung, Verlust eines geliebten Menschen, eine dysfunktionale Familie, Hunger, Armut oder Gewalt. «Was das Gehirn als Trauma interpretiert und wahrnimmt, das ist Trauma, für das Gehirn und auch für den Körper», erklärt sie, doch sie erinnert uns auch daran, dass «wir dazu geboren sind, uns zu regenerieren, und das gilt auch für unser Gehirn und Nervensystem. Wir verfügen über eine bemerkenswerte Neuroplastizität.» Wir sind auf vielerlei Weise unsere eigenen Heiler.

Die Geschichte steckt voller Mythen, die uns lehren, dass wir schwierige Erfahrungen durchstehen und wie neugeboren daraus hervorgehen können, als stärkere Führungspersönlichkeiten, als geeintere oder weisere Menschen. Diese Mythen sind dazu da, dass wir aus ihnen lernen. Ein solcher Mythos ist die Geschichte von Inanna, der mesopotamischen Göttin des Himmels und der Erde. Sie geht ihre Schwester Ereschkigal besuchen, die in der Unterwelt lebt und die Göttin des Todes ist. Ereschkigal repräsentiert Inannas Schattenseite, ihre eigene Unterwelt und ihre Unvollkommenheiten. Ich erzähle hier eine Kurzfassung der Geschichte.

Eines Tages erfährt Inanna, dass Ereschkigals Mann gestorben ist, und sie möchte an seinem Begräbnis teilnehmen. Inannas vertraute Ratgeberin Ninschubur fleht sie an, nicht zu gehen, weil sie um Inannas Leben fürchtet. Doch Inanna besteht darauf – sie muss gehen und mit ihrer Schwester gemeinsam trauern. Sie weist Ninschubur an, Hilfe zu schicken, falls sie nicht binnen drei Tagen zurückkehrt. Bevor sie aufbricht, legt Inanna ihren vollen königlichen Ornat an. Dann macht sie sich allein auf den Weg in die Unterwelt, ins Reich ihrer Schwester.

Auf dem Weg hinab in die Unterwelt durchschreitet Inanna mehrere Tore, und an jedem Tor muss sie einen Teil ihrer Kleidung und ihres Schmucks zurücklassen, die ihren Status, ihre Identität und Macht symbolisieren. So wird an jedem Tor eine weitere Schicht ihrer Identität von ihr genommen: ihre Krone, Halskette und Gürtel, die für ihre Göttlichkeit, ihre Stimme und Willenskraft stehen; ihr kunstvoll verzierter Stab und Mantel, Embleme der Autorität und Herrschaft. All diese Insignien werden ihr abgenommen, bis sie völlig nackt und schutzlos in der Unterwelt eintrifft. Ihr Ego ist beschädigt, und ihre Schwester bereitet ihr keinen herzlichen Empfang. Stattdessen verkündet Ereschkigal bei ihrer Ankunft, der Preis dafür, in die Unterwelt zu kommen, sei der Tod. Dann tötet sie ihre Schwester Inanna und hängt sie an einen Fleischerhaken, um sie verwesen zu lassen.

Als Inanna nach drei Tagen und drei Nächten nicht zurück ist, holt ihre vertraute Ratgeberin Ninschubur den Gott der Weisheit und des Wassers, Enki, zu Hilfe. Er erschafft aus dem Schmutz unter seinen Fingernägeln zwei winzige Wesen. Diese beiden Geschöpfe sind nur mit einer einzigen Fähigkeit ausgestattet, nämlich Empathie. Sie fliegen so schnell, dass die Torwächter sie gar nicht bemerken. Als sie in der Unterwelt ankommen, sehen sie Inanna nackt an einem Haken hängen, und ihre Schwester windet sich in Schmerzen am Boden. Die zwei winzigen Wesen gehen zu Ereschkigal, erweisen ihr Empathie und helfen ihr zu heilen. Als sie sich besser fühlt, dankt sie den beiden und fragt, ob sie irgendetwas für sie tun könne. Die zwei winzigen Wesen bitten sie um Inannas Körper, und so gibt Ereschkigal ihnen den Leichnam und alles, was Inanna gehörte, heraus. Sie bringen sie aus der Unterwelt zurück in den Himmel, wo sie sie wiederbeleben. Seither lebt und herrscht sie wieder, weiser als zuvor.

Die Geschichte von Inannas Reise in die Unterwelt handelt davon, wie wir uns unseren dunklen Seiten stellen, unsere Haut abwerfen und an Schmerz wachsen. «Ohne Schlamm kein Lotus», sagt der Zenmeister Thich Nhat Hanhand – je tiefer der Schmerz, den wir durchmachen, umso größer unsere Fähigkeit, Schönheit und Glück zu genießen. Inanna wurde neugeboren, nachdem sie sich ihrer eigenen Unterwelt in Gestalt ihrer Schwester Ereschkigal gestellt hatte. Inannas Mythos lehrt uns, dass materieller Reichtum und äußere Statussymbole vergänglich sind, und nur wenn wir unsere Haut abwerfen, unser Gefieder, Ego, allen Schmuck, nur dann können wir zu uns selbst heimkehren. Die Erfahrung kann ganz unterschiedlich ausfallen, von Momenten der Peinlichkeit oder Scham bis hin zu großem Schmerz oder Angst. Wir neigen dazu, unsere Verletzlichkeiten vor der Außenwelt zu verstecken, und denken, wir müssten Leistung bringen, uns durchbeißen, tun, als sei alles in Ordnung, manchmal vielleicht sogar Perfektion vortäuschen. Damit setzen wir uns selbst unter großen Druck.

InnSæi bringt uns in Kontakt mit uns selbst, anderen Menschen und der Welt um uns herum. Uns unseren Schattenseiten und dunkelsten Momenten zu stellen, gehört wesentlich dazu, anzuerkennen, wer wir sind und wozu wir fähig sind. Inannas Mythos erinnert uns daran, dass mitunter die schwierigsten Erfahrungen in unserem Leben unsere größte Stärke und Entschlossenheit zutage fördern. Vielleicht haben Sie das schon bei sich selbst oder bei Menschen in Ihrem Umfeld entdeckt. Im Folgenden erzähle ich beispielhaft von drei solchen Menschen: dem Entdecker Mark Pollock, Dr. Rebekah Granger-Ellis und der Friedensnobelpreisträgerin Wangari Maathai.

Mein Freund Mark Pollock ist ein warmherziger, witziger und kluger Entdecker aus Irland. Ich begegnete Mark erstmals 2014 an der Oxford University, und ich weiß noch, dass ich tief berührt war von seinem strahlenden Lächeln und seiner Energie, als er mir ganz sachlich von seiner Mission erzählte, noch zu unseren Lebzeiten ein Heilmittel für Querschnittslähmung zu finden. Ich hatte noch nie jemanden kennengelernt, der sich ein solch kühnes Ziel gesetzt hatte.

Mark Pollock ist ein Entdecker, Redner und Motivationscoach. Mit fünf Jahren wurde er auf dem rechten Auge blind, und von da an musste er Kontaktsportarten meiden, um die Sehkraft seines linken Auges zu erhalten. Dafür wurde er jedoch ein begeisterter und ehrgeiziger Ruderer. Im Alter von 22 erblindete er auch auf dem linken Auge. Antriebsstark, wie er ist, verwandelte Mark Pollock seine Blindheit in eine Stärke und nahm als erster blinder Mensch an einem Rennen zum Südpol teil. Er trat bei einigen der anspruchsvollsten Läufe der Welt an, lief in der Wüste Gobi sechs Marathons in sieben Tagen und nahm an einer Vielzahl weiterer Ausdauerwettkämpfe teil. Mit 34 Jahren, drei Jahre bevor wir uns kennenlernten, stürzte Mark aus einem Fenster im zweiten

Stockwerk und ist seitdem querschnittsgelähmt. Als er nach dem Unfall im Krankenhaus lag, dachte Mark darüber nach, ob er mit all den neuen Herausforderungen überhaupt noch weiterleben wollte. In den ersten Monaten bezog sich diese Frage hauptsächlich auf die Herausforderung, morgens aus dem Bett zu kommen, sich zu waschen und anzuziehen, im Rollstuhl zu sitzen, zur Physiotherapie zu kommen – die Anstrengung, einfach nur auf dieser Welt zu existieren. «In der ersten Zeit nach meiner Lähmung habe ich mich durchaus gefragt, ist es das wert? Die Antwort war immer dieselbe: Ja, es war und ist es wert weiterzumachen», erklärt er.

Marks Erfahrungen haben die Projekte geprägt, auf die er sich fortan konzentrierte. Statt Ausdauerwettkämpfen widmete er sich nun der Aufgabe, sich als menschliches Versuchskaninchen für die Forschung zur Verfügung zu stellen. Über einen Zeitraum von zehn Jahren erprobten Wissenschaftler und Entwickler neuartiger Technologien, was passieren würde, wenn sie tragbare Exoskelette, mit denen er stehen und gehen konnte, mit einem Rückenmarkstimulator an seinem unteren Rücken kombinierten, um willkürliche Bewegungen zu ermöglichen. Die Wirkung war spektakulär, aber Mark erkannte, dass die Forschungsarbeit zu fragmentiert war. Er verlagerte seine «Bemühungen darauf, die Voraussetzungen für eine Zusammenarbeit zwischen Wissenschaftlern, Technologen, Investoren und Philanthropen zu schaffen, um dazu beizutragen, dass die experimentelle Technologie kommerzialisiert wird». Die Zusammenarbeit und daraus entstehende Gespräche führten schließlich zur Gründung eines Unternehmens namens Onward. Um Mark zu zitieren: «Mein Job war nicht, der Wissenschaftler zu sein oder das Geld zu haben oder ein Unternehmen aufzubauen. Aber ich konnte in die Projekte das einbringen, was ich als Ausdauersportler gelernt hatte: wie Menschen unter Druck zusammenarbeiten.» Onward ist ein Start-up, das zu diesem Zweck gegründet wurde, und als Mark und ich darüber sprachen, hatten sie gerade Mittel in Höhe von hundert Millionen US-Dollar eingeworben. «Ich hoffe, dass Unternehmen wie Onward irgendwann nicht mehr die Ausnahme, sondern die Regel sein werden und schnellere Fortschritte ermöglichen, damit noch zu unseren Lebzeiten eine Heilung für Querschnittslähmung gefunden wird», erklärte Mark. Die Onward Arc Therapy ist eine zielgenaue programmierte Stimulation des Rückenmarks mit dem Ziel, Menschen nach Rückenmarksverletzungen wieder bewegungsfähig zu machen.

## Wir sind unsere eigenen Heiler

Mark wandelte seine schwersten Erfahrungen in Stärke und Entschlossenheit um – darauf werden wir in den Kapiteln 3 und 5 noch näher eingehen. Seine persönlichen Herausforderungen und die Rückschläge, die er erlebte, haben ihn geprägt und zu dem Menschen und Wegbereiter gemacht, der er heute ist.

Dr. Rebekah Granger-Ellis ist ebenfalls eine Person, die aus ihren schwierigsten Lebenserfahrungen ihre Berufung und Mission im Leben entwickelt hat. Im Alter von 33 Jahren hatte ein Leben voller unterdrückter Traumata sie körperlich und geistig bis an die äußersten Grenzen gebracht, und ihr «Körper begann zusammenzubrechen, bis hinunter auf die Zellebene», erklärt sie. «Rätselhafte Symptome traten auf und häuften sich immer mehr.» Ihr Haar fiel büschelweise aus, sie entwickelte seltsame Hautausschläge am ganzen Körper sowie chronische Erschöpfung und obstruktive Schlafapnoe, sodass sie sogar während ihrer Vorlesungen oder beim Autofahren einschlief. Hinzu kamen unkontrollierbarer Gewichtsverlust, starke Blutungen und vorzeitige Menopause. Nachdem sie zwei Jahre lang von einem Arzt zum nächsten überwiesen worden war, hatte man bei ihr 23 verschiedene Störungen diagnostiziert. Es gab eine Zeit, da nahm sie täglich 70 verschiedene Mittel ein, eine Kombination aus verschreibungspflichtigen Medikamenten und Vitaminen, und dennoch besserte sich ihr Zustand nicht. Mit 35 hatte man ihr bereits die Gebärmutter sowie Tumore aus Brüsten und Beinen entfernt, und sie hatte zahlreiche Krankenhausaufenthalte wegen Stress-Kardiomyopathie und transienten ischämischen Attacken hinter sich. Ihre Nieren und die Leber arbeiteten nicht mehr richtig, ihre Schilddrüsen- und sonstigen Hormone waren aus dem Gleichgewicht. «Bei mir wurde eine schwere Angststörung festgestellt, denn an diesem Punkt hat man das Gefühl, alles geht in die Brüche, und mein Zustand hatte sich so weit verschlechtert, dass ich mein Gedächtnis und meine kognitiven Fähigkeiten verlor. Ich schrieb zwar noch und hielt weiter Vorlesungen, aber ich konnte mich nicht einmal mehr an bestimmte Wörter erinnern. Ich verwechselte zum Beispiel das Wort ‹blue› [blau] mit ‹a table› [ein Tisch]. Ich hörte mich die Wörter sagen, aber es kam nicht das heraus, was ich meinte. Neurologisch funktionierte so vieles nicht mehr.» An diesem Punkt teilte ein Neurologe ihr mit, ohne Behandlung habe sie nur noch zwei oder drei Jahre zu leben.

In ihrer verzweifelten Suche nach Heilung und dem Versuch zu verstehen, was da mit ihrer Gesundheit passierte, stürzte sich Rebekah selbst in umfassende Nachforschungen und erkannte, dass sie ihre eigene Heilerin werden musste. «Es war ein Weckruf», erinnert sie sich, «dass man sein eigener Fürsprecher und Heiler sein muss, weil niemand anders mein Gehirn und meinen Körper so ganzheitlich betrachten kann wie ich selbst.» Rebekah hatte das Glück, auf einen Neurologen zu treffen, der ihr zu dieser Erkenntnis verhalf. Nach einem Tag in einem neurologischen Diagnostiklabor, wo die ganze Batterie an Untersuchungen durchgeführt wurde, kam der Arzt zu dem Schluss, dass keine Gedächtnisstörung vorlag. Im Sinne ganzheitlicher Heilung forderte er sie daraufhin auf, ihm ausführlich ihre gesamte Lebensgeschichte zu erzählen.

Rebekah fing an, ihre persönliche Geschichte zu erzählen, und dabei wurden all die belastenden Erinnerungen und Gefühle frei, die über die Jahre in ihrem Körper eingeschlossen gewesen waren. «Ich weinte viel an dem Tag, und mir wurde bewusst, dass ich seit Jahren nicht mehr geweint hatte, so taub war ich geworden. Es war unendlich befreiend, dieses unterdrückte und angestaute Trauma herauszulassen.» Rebekahs Geschichte ist von sexuellem Missbrauch in der Kindheit geprägt, von einer toxischen, gewaltvollen Ehe und chronischem Stress in der Arbeit mit traumatisierten Bevölkerungsgruppen. Durch ihre persönlichen Beziehungen und ihre Leidenschaft für berufliche Herausforderungen hatte sie ihr ganzes Leben lang die Traumata und Geschichten anderer internalisiert. Sie hatte anderen nicht nur Empathie entgegengebracht, sondern auch ihren Schmerz auf sich genommen in der festen Überzeugung, die Menschen durch ihre Liebe heilen zu können. Genau wie ich während meiner Zeit im Kosovo war sie nicht in der Lage, auf ihre persönlichen Grenzen zu achten. Der Neurologe klärte sie über die Neurotoxizität von Kortisol auf, über stressinduzierte Neurodegeneration und Gehirn- und Körperbudgetierung, und er betonte, wie wichtig es ist, uns geistig und körperlich zu entgiften. Er riet ihr zu einer Therapie, um von den Traumata in ihrer Vergangenheit zu heilen und ungesunde Beziehungen und toxischen Stress aus ihrem Leben zu entfernen. «Sie brauchen Hilfe, und Sie brauchen Sicherheit, denn wenn es so weitergeht, sind Sie wahrscheinlich in zwei oder drei Jahren tot», schloss er.

Mehr als zehn Jahre sind vergangen, seit sie ihr Leben von Grund auf verändert hat, und seitdem hat sie ihr Graduiertenstudium in Neurobiologie und Neurowissenschaft des Lernens abgeschlossen. Sie hat alles Gelernte zusammengeführt, um Menschen zu helfen, von Trauma und chronischem Stress zu heilen, und um die Systeme von Körper und Seele ganzheitlich zu verstehen. Heute ist Dr. Rebekah Granger-Ellis eine preisgekrönte Forscherin und Praktikerin, und sie hat in den letzten 20 Jahren zusammen mit einem großen weltweiten Netzwerk führender Köpfe Pionierarbeit für politische Reformen und Systemwechsel geleistet. In Kooperation mit staatlichen Behörden und führenden Organisationen wie UNICEF und der Weltbank hat sie mit Trauma-Überlebenden in unterschiedlichen Teilen der Welt gearbeitet, etwa mit Waisen in Guatemala, Überlebenden des Hurrikans Katrina in den USA sowie der Erdbeben in der Türkei und Menschen verschiedener Generationen im Westbalkan, die von den Traumata der Kriege betroffen sind.

Mark Pollock und Dr. Rebekah Granger-Ellis haben körperlich wie geistig einschneidende, lebensverändernde Erfahrungen gemacht, die sie in die Knie zwangen, aber sie haben es geschafft, gestärkt daraus hervorzugehen und umso leidenschaftlicher und entschlossener ihre Pionierarbeit voranzutreiben. Doch nicht jedem gelingt es, nach einem tiefen Fall wieder auf die Beine zu kommen. Warum sind manche Menschen sehr resilient, während es anderen viel schwerer fällt, sich selbst zu heilen? Rebekahs Miene erhellt sich, als ich ihr diese Frage stelle – es ist offensichtlich, wie leidenschaftlich sie sich mit solchen Dingen beschäftigt. Sie hat acht Jahre lang neurowissenschaftliche Forschung zu Anpassungsfähigkeit und schlimmen Erfahrungen betrieben, und neben ihrer eigenen Forschung sowie der Arbeit zweier anderer, auf die sie sich bezieht (siehe Quellen), zitiert sie eine am King's College in London durchgeführte Meta-Analyse, die mehr als 85 Jahre Forschung zu Resilienz einschließt. Sie erklärt die drei Hauptcharakteristika der Menschen, die sie «resiliente und adaptiv intelligente Individuen» nennt.

*Drei Hauptcharakteristika resilienter Menschen*

*1. Psychologisch sichere, vertrauensvolle Bindungen*

- ★ Eine Eins-zu-eins-Bindung mit einer engen Vertrauensperson, jemandem, an den man sich immer wenden kann, wenn man Hilfe, Rat oder eine andere Perspektive braucht.
- ★ Dieser «positive soziale Rückhalt» kann sogar durch Umfeld und Genetik bedingte Anfälligkeiten aufwiegen und zu einer gesteigerten Resilienz führen.

*2. Sinn für Humor*

- ★ Die aktive Coping-Strategie von Humor und Extrovertiertheit, die Fähigkeit, sich selbst und das Leben nicht übermäßig ernst zu nehmen.
- ★ Lachen stimuliert den Vagusnerv und aktiviert das parasympathische Nervensystem, das hilft, ein gesundes Gleichgewicht im Körper herzustellen, und die Ausschüttung von Dopamin, Serotonin und Oxytocin anregt, sodass der Mensch positiver und optimistischer gestimmt ist.

*3. Die Tendenz, positive Emotionen in Bezug auf negative Ereignisse auszudrücken*

- ★ Eine Fähigkeit, schlimme Erfahrungen aus einer anderen Perspektive zu betrachten und sie als Geschenk, als Chance zur Transformation zu sehen, befähigt Menschen, ihre Ängste zu beherrschen.
- ★ Die Fähigkeit zu kognitivem Reframing, zu sagen: «Das definiert mich nicht, ich nehme es als Geschenk, um einen

neuen Sinn im Leben zu entdecken. Ich entscheide selbst, wie ich mich definiere, und deshalb verändere ich die Welt.»

Manchmal stellt uns das Leben auf so harte Proben, dass der einzige Ausweg der Weg nach innen ist. Ich weiß noch, als ich meine lebensverändernden Erfahrungen durchmachte, hatte ich das Gefühl, um mein Leben zu kämpfen. Ich hatte wirklich Angst, nie mehr auf die Beine zu kommen, meine Hoffnung und meinen Lebensmut niemals wiederzufinden. Jeder Mensch auf der Welt macht traumatische und herausfordernde Erfahrungen durch, in unterschiedlichem Ausmaß und unterschiedlicher Form, beginnend mit der eigenen Geburt, über den Verlust geliebter Menschen, schwere Krankheit, Konflikte oder Vernachlässigung bis hin zu Ehescheidung oder beruflichem Scheitern. Durch die Jahrhunderte hat die Menschheit Mythen und Geschichten darüber hervorgebracht, wie Schmerz und schwere Zeiten uns helfen können zu wachsen, indem sie uns auf uns selbst zurückwerfen. Wir können metaphorisch oder im wörtlichen Sinn dem Tode nah sein und eine Wiedergeburt erfahren. Große Veränderungen, ob sie von außen über uns kommen oder ob wir sie selbst in Gang setzen, können uns helfen, uns auf unserer Lebensreise selbst wunderbar neu zu erfinden, solange wir mit unserem InnSæi im Einklang sind.

## Bäume und Menschen mit starken Wurzeln

Die dritte Geschichte, die ich mit Ihnen teilen möchte, könnte ebenso gut ein Mythos sein, sie ist jedoch wahr und erzählt davon, wie wir herausfordernde Zeiten durchstehen und an ihnen wachsen können, indem wir uns tief in der Mutter Erde und in unserer eigenen Seele erden. Es ist die Geschichte von Wangari Maathai, die für den einfachen Akt des Bäumepflanzens mit dem Friedensnobelpreis ausgezeichnet wurde.

In *Afrika, mein Leben: Erinnerungen einer Unbeugsamen* (Original 2006 erschienen) erzählt Wangari Maathai von ihrem außergewöhnlichen Weg, der sie von ihrer Kindheit im ländlichen Kenia auf die Weltbühne führte. Als ihre Großeltern im kenianischen Hochland aufwuchsen, hatte das Jahr vier Jahreszeiten, und es gab genug zu essen für die gesamte Bevölkerung. Doch der Kolonialismus und die Ausbeutung der natürlichen Ressourcen ohne Rücksicht auf Nachhaltigkeit warfen ihr Leben und die natürlichen Kreisläufe des Ökosystems aus der Bahn. Die Folgen waren soziale Instabilität und Versteppung.

Die Bäume, die in Kenia traditionell gepflanzt wurden, wie etwa der Feigenbaum, wuchsen langsam und hatten starke Wurzeln, die tief in die Erde reichten und selbst Felsen spalteten, um an Grundwasser zu gelangen. Das Wasser drang dann entlang der Wurzeln an die Oberfläche, sodass das Ökosystem auf natürliche Weise bewässert wurde und gedieh. Doch in der Kolonialzeit wurden heimische Bäume durch neue Arten ersetzt, die schneller wuchsen und schneller gefällt, nach

Europa verschifft und verkauft werden konnten. Die neuen Bäume hatten schwächere Wurzeln und konnten nicht dazu beitragen, Wasser an die Oberfläche zu bringen. Das führte bald zu Versteppung, und das Ökosystem wurde zerstört. Mit dem Kolonialismus kam auch das Christentum, und der Glaube an einen Gott im Himmel verdrängte die bisherigen Glaubensrichtungen, die die Bevölkerung eng mit ihrem Land verbunden hatten.

Wangari Maathai war die erste Frau in ganz Ost- und Zentralafrika, die einen Doktortitel erwarb. Als sie nach Kenia zurückkehrte, machte sie es sich zur Mission, die lebenswichtige Beziehung ihres Volkes zur Erde wiederherzustellen und ihre natürlichen Ökosysteme wiederzubeleben. Sie gründete 1977 das Green Belt Movement und setzte eine bedeutende Umweltbewegung armer Menschen in Gang, die sich bald in andere afrikanische Länder ausbreitete und einen Schwerpunkt auf das Empowerment von Frauen legte. Sie geriet mit der kenianischen Regierung in Konflikt und erlitt persönliche Verluste, gab jedoch nie auf. Sie wurde viele Male inhaftiert und misshandelt, doch sie kämpfte weiter, um Kenias Wälder zu retten und die Demokratie in ihrem Land wiederherzustellen. Wir haben uns entschieden, unseren Dokumentarfilm *InnSæi – Die Kraft der Intuition* Wangari Maathai zu widmen, weil ihr Fokus auf das Pflanzen von Bäumen mit starken Wurzeln Welleneffekte in Form gesellschaftlicher und politischer Veränderungen in ihrem Land auslöste. In unseren Augen ist ihr Werk ein wunderbares Beispiel für den Zauber von InnSæi – wenn wir uns unseren eigenen unsichtbaren Wurzeln zuwenden, die tief in unsere Seele und in Mutter Erde reichen, können wir dazu beitragen, dass Ökosysteme und Menschen gleichermaßen gedeihen.

## Projektion der Innen- und Außenwelt

Man kann durchs Leben gehen wie ein Zombie, ein Schatten des Menschen und der Seele, die in einem schläft. Man verrichtet routinemäßig seine Arbeit und kommt seinen Pflichten nach, trifft sich mit Freunden und lacht – aber das Lachen kommt nicht tief aus dem Inneren. Man kann sich nicht erinnern, wann man zuletzt geweint hat; Augenblicke der Intimität sind selten, wenn es sie überhaupt gibt; und man hat Gefühle wie Ehrfurcht und Staunen seit langer Zeit nicht mehr erlebt. Es ist, als ob die Zellen des Körpers am Leben sind und ihre Arbeit tun, aber nicht wirklich lebendig sind, nicht von Licht erfüllt.

Als ich mich meinen Ängsten stellte, mir meinen Schmerz zum Freund machte, aufhörte, alles unter Kontrolle haben zu müssen, und mich von Überzeugungen löste, die mir nicht guttaten, trug das entscheidend zu meiner Heilung und Wiedergeburt bei und auch dazu, dass ich überhaupt dieses Buch schreiben konnte. In meinen schlimmsten Momenten hatte ich das Gefühl, gefangen zu sein, sowohl in der Situation, in der ich steckte, als auch in meinem Körper. Ich hatte meine Gesundheit, Karriere, Beziehung und Zukunftspläne immer als selbstverständlich angesehen, fast wie den festen Boden, auf dem ich stand. Als alles anfing, in die Brüche zu gehen, biss ich mich weiter durch, aber mein Körper gab mir zu verstehen, dass etwas nicht stimmte. Ich verlor an all diesen Fronten den Halt und die Verbindung, am deutlichsten empfand ich jedoch die Entfremdung von meiner eigenen Seele. Ich wusste, dass irgendwo in mir noch immer ein starkes Gefühl der Sicherheit und des Einklangs steckte, und ich machte mich auf den Weg, meinen inneren Kompass wiederzufinden.

Als ich die Stelle bei der UN kündigte, die mein Traumjob gewesen war, tat ich das nicht, weil ich mich kurzzeitig mal ein wenig verloren im Leben fühlte oder weil ich Mutter geworden war, sogar alleinerziehende Mutter. Ich tat es, weil ich das Gefühl hatte, die Entfremdung von meinem InnSæi spiegelte sich in dem wider, was ich in der Welt um mich herum sah. Es war, als sähe ich mich und das System, in dem ich arbeitete, in einem Spiegel, und das Bild war gebrochen, seelenlos und unzusammenhängend. Ich hatte gelernt, mich in einem System zurechtzufinden und ihm zu dienen, statt in einem zu arbeiten, das den Menschen und dem Planeten diente und eng mit ihnen in Kontakt war. Deshalb empfand ich diese Entfremdung, und ich glaubte nicht, dass das der richtige Weg war. Von dem Punkt an beschloss ich, dass meine Arbeit sich darum drehen sollte, ein Gleichgewicht zwischen innerer und äußerer Welt zu finden und Raum für Aspekte des Lebens zu schaffen, die menschlich, kreativ und nicht in Zahlen auszudrücken waren. Es kam mir vor, als hätten wir die Landkarte mit der Landschaft selbst verwechselt. Wir konzentrierten uns darauf, anhand einer Karte zu navigieren, die die Welt als quantifizierbar und leicht in Raster zu fassen darstellte, doch wir hatten die eigentliche Landschaft aus dem Blick verloren, das großartige, dynamische, stets im Wandel befindliche, beseelte und komplexe Geflecht des Lebens.

Ich wollte aus diesem leblosen, von Rasterdenken geprägten System ausbrechen und meine Wurzeln in die Erde der beseelten, lebendigen Welt senken wie Wangari Maathais Feigenbäume, um mich wieder mit meinem Inneren zu verbinden, mit Menschen und der Welt um mich herum. Ich wollte präsent sein, mutig und großzügig im Geist. Ich sehnte mich danach, dass sämtliche Zellen in meinem Körper aufleuchteten wie biolumineszente Partikel im inneren Meer, unsichtbar, aber vollständig verkörpert. Mein innerer Schwerpunkt verlagerte sich.

Die Vorstellung, erfolgreich zu sein und eine Karriereleiter zu erklimmen, nahm für mich eine ganz andere Bedeutung an. Ich erkannte, dass es im Leben nicht um Status, Gehalt oder Etiketten geht und dass mein Wert nicht von Äußerlichkeiten abhängt. Das Wichtigste ist, ein tiefes Gefühl des Einklangs zu empfinden, daraus ergibt sich alles andere. Das wurde mein zentraler Maßstab für Erfolg. Außerdem wollte ich den Mut aufbringen, mein verletzlichstes Selbst anzunehmen, um meine Kraft und Stärke voll zu entfalten. Ich lerne noch immer.

Schmerz holte mich in meinen Körper und «heim zu mir selbst». Mein InnSæi war aktiviert worden, und ich gewann das Selbstvertrauen und das Gefühl der Sicherheit, das daraus erwächst. Je mehr wir mit dem *inneren Meer* verbunden sind, umso besser können wir gedeihen, uns regenerieren und unsere Verbundenheit mit dem Planeten und den Menschen empfinden.

Für die Zukunft unseres Lebens auf diesem Planeten wird entscheidend sein, wie wir die Fähigkeit erweitern, unsere Systeme, Prozesse und Kulturen zu sehen, zu spüren, zu leben und mitzugestalten. Es ist wichtig, unser InnSæi auf ethische Weise zu aktivieren. So erzeugen wir Welleneffekte, durch die die Welt so werden kann, wie wir sie uns erträumen. Die Erde hat planetare Grenzen, die ihre Fähigkeit, ihre Energie zu regenerieren, beschränken. Wenn wir diese planetaren Grenzen überschreiten, indem wir die Ressourcen maßlos ausbeuten oder schädliche Chemikalien verwenden, verliert die Erde ihre Fähigkeit, ihre komplexen Ökosysteme zu erneuern. Wenn wir ein gutes und glückliches Leben führen wollen, müssen wir unsere Grenzen erkennen und darauf achten, dass wir und andere sie nicht überschreiten. Wenn alle Erneuerer, Fürsorger, Innovatoren, Unternehmer, kreativen Denker und Eco-Entrepreneure da draußen im Einklang mit ihrem InnSæi agieren, wird es uns allen helfen, präsent zu sein und gut durch die turbulenten Zeiten zu kommen, die uns bevorstehen.

*Die wichtigsten Schlüssel zu InnSæi*

- ⋆ Um Schmerz zu überwinden, ist es wichtig, ihn zu «sehen», anzunehmen und zuzulassen, dass er durch uns hindurchgeht.
- ⋆ Schmerz spricht zu uns, und es ist wichtig, dass wir auf ihn hören, um zu heilen.

- ★ Wir sind unsere eigenen Heiler.
- ★ Schmerz kann in unserem Körper gespeichert werden und unseren Zugang zu InnSæi blockieren.
- ★ Wenn wir uns dem Schmerz zuwenden, kann er uns zurück zu uns selbst und in unseren Körper führen.
- ★ Bringen Sie den Schmerz in Bewegung, indem Sie Tagebuch darüber führen, was Sie gerade durchmachen, und sich einer vertrauten Person mitteilen. Achten Sie darauf, genug Wasser zu trinken, seien Sie kreativ, drücken Sie sich aus und machen Sie Dehnübungen, um Spannungen in Ihrem Körper zu lösen. All das wird Ihnen helfen zu heilen.
- ★ Lassen Sie sich Zeit für diese Arbeit; versuchen Sie nicht, den Prozess zu erzwingen oder zu beschleunigen.
- ★ InnSæi verbindet Ihren Geist und Körper mit Ihrem inneren Selbst. Wenn die Verbindung nach innen fehlt, kann das zum körperlichen Zusammenbruch führen. Lernen Sie, auf Ihr InnSæi zu hören.
- ★ InnSæi hilft dabei, uns in andere Menschen hineinzuversetzen. Der Scheinwerfer unserer Aufmerksamkeit weist uns die Richtung und prägt unser Leben.
- ★ Wie der Planet Erde haben auch wir Grenzen, die uns schützen, damit wir uns regenerieren und mit InnSæi im Einklang bleiben können.
- ★ Uns mit unserem tiefen Inneren und mit der Erde zu verbinden, ist für unser Wohlergehen und Gedeihen ebenso wichtig wie für das der Ökosysteme.

KAPITEL 3

# Das innere Meer

## Ihr InnSæi verstehen und mit ihm in Einklang kommen

Wenn alles mit allem verbunden ist [...], dann ist alles wichtig.

*Bruce Mau, Designer und Pädagoge*

Die Welt, in der wir leben, ist komplex, unberechenbar, in schnellem Wandel begriffen und nicht linear. Sie wird immer grenzenloser, etwa im Hinblick auf Reisen, ethnische Zugehörigkeit, Wissensakkumulation, Klimawandel und Technologie. Alles ist in einem System miteinander verbunden, in dem eine kleine Veränderung an einer Stelle unvorhersehbare Auswirkungen an einer anderen haben kann. Der Flügelschlag eines Schmetterlings in Texas löst einen Wirbelsturm in Brasilien aus. Das rapide schmelzende Eis in der Arktis bewirkt einen weltweiten Anstieg der Meeresspiegel, sodass Hunderte Millionen Menschen in anderen Teilen der Welt gezwungen sind, aus ihrer Heimat zu fliehen, und große Städte an den Küsten auf höher gelegenen Grund umgesiedelt werden müssen.

Metaphorisch gesprochen hat die Welt, in der wir leben, viel mit dem Ozean gemeinsam. Sie ist ständig in Bewegung, und die unvorhersehbaren, sich immerfort verändernden Strömungen von Gezeiten und Wellen fordern uns heraus, uns bewusst zu werden, wohin wir wollen und wie wir dorthin kommen. In dieser riesigen, komplexen Welt zu leben, kann sich anfühlen, als triebe man allein auf dem Ozean, wo kein Land in Sicht ist. Regel Nummer eins lautet, den Kopf über Wasser zu halten, um nicht unterzugehen. Zweitens gilt es zu entscheiden, in welche Richtung man schwimmt. Das ist gar nicht so einfach.

## Der Ozean des Bewusstseins

Der Ozean ist das lebendige Herz und die Lunge unseres Heimatplaneten Erde, und zugleich ist er die älteste Metapher für das Bewusstsein. Er bedeckt rund zwei Drittel der Erdoberfläche, versorgt uns mit gesunder Luft zum Atmen und Wasser zum Trinken und hilft uns noch auf vielfältige andere Weise zu leben. Nun denken Sie an das innere Meer und wie es sich verhält mit seiner Ebbe und Flut, dem Wechsel zwischen Flaute und Sturm, Kreisläufen und Trägheit, seiner tiefsten Ruhe und den feinsten Schwingungen.

Wenn die starken Winde und Stürme von Stress, Angst und Anspannung uns umtosen, wühlen sie unseren Geist auf, mitunter unkontrollierbar, genau wie Stürme und Unwetter die Oberfläche des Ozeans aufwühlen. Doch ganz ähnlich wie in unserem Geist ist es in den tiefsten Tiefen des Ozeans am ruhigsten. Dorthin zu gelangen, erfordert Übung und Selbstbeherrschung. Wenn wir meditieren, bewusst langsam und tief atmen, erreichen wir tiefste Ruhe, inneren Frieden, geistige Klarheit und die stärkste Verbindung zu unserem InnSæi.

Alles Leben auf der Erde ist vor Milliarden Jahren aus den Tiefen des Ozeans hervorgegangen. Das Bewusstsein ist ein so wesentlicher Bestandteil unseres Innenlebens und für uns so natürlich und selbstverständlich, dass wir problemlos durchs Leben gehen könnten, ohne uns weiter Gedanken darüber zu machen. In vielerlei Hinsicht *ist* es das Leben. Dieser riesige, unsichtbare, nicht greifbare Ozean des Bewusstseins erstreckt sich weit über die Grenzen unserer Vorstellungskraft hinaus. Wenn man einen imaginären Stein hineinwirft, erzeugt er Welleneffekte, derer wir uns größtenteils nicht bewusst sind, die jedoch irgendwann später in Form von Ideen, Stimmungen, Träumen, Reaktionen, Entscheidungen oder «Aha-Momenten» in Erscheinung treten können. Das Meer in unserem Inneren interagiert ständig mit der Welt um uns herum, sodass nicht mehr klar zu unterscheiden ist, wo ich aufhöre und Sie anfangen. Manche Leute sagen, dass es ein universelles Bewusstsein gibt und wir Menschen ein Ausdruck davon sind, so wie Wellen ein Ausdruck des Ozeans auf dem Planeten Erde sind. In diesem Bild sind wir also die Wellen auf dem Ozean des Bewusstseins. Wir sind ein Teil von ihm, und er ist ein Teil von uns. Ist das nicht schön?

Stellen Sie sich vor, Sie stehen an einem Strand und blicken auf den Ozean hinaus. Sie spüren die Meeresbrise im Gesicht und im Haar, riechen und schmecken das Meer auf

Ihren Lippen, und währenddessen lassen Sie zu, dass das Geräusch der Wellen eins mit Ihrem Atem wird. Sie atmen ein, wenn die Wellen sich am Strand brechen, und Sie atmen aus, wenn sie sich wieder zurückziehen. Je tiefer Ihre Atemzüge, umso ruhiger wird Ihr Geist und umso mehr verbinden Sie sich mit sich selbst, anderen Menschen und der Welt um sich herum. Das ist Energie in Bewegung – die Wellen übertragen Energie im Ozean, wie Ihr Atem es in Ihrem Sein tut. Wenn Sie den Blick in die Ferne richten, zum Horizont, sehen Sie den riesigen Ozean, eine scheinbar endlose Wasserfläche.

**Zehn-Minuten-Meditation**

- Nehmen Sie eine bequeme Haltung ein.
- Schließen Sie die Augen.
- Visualisieren Sie Wellen, die ans Ufer rollen und sich wieder zurückziehen, und hören Sie ihr rhythmisches Geräusch.
- Atmen Sie die Wellen ein, wenn sie ans Ufer rollen; atmen Sie sie aus, wenn sie zurück ins Meer strömen.
- Spüren Sie das Meer in sich.

## Ich sehe dich

Wir alle sehnen uns danach, von anderen gesehen zu werden. Dabei geht es zunächst einmal darum, dass unsere Existenz auf der Welt überhaupt wahrgenommen wird, aber auch unser Beitrag zum Leben, unsere Gefühle und Erfahrungen, unsere Bedürfnisse und Begabungen. Wenn wir von anderen gesehen werden, bringt das unsere Energie zum Strömen und stärkt uns. Diese Empfindung der Zugehörigkeit ist entscheidend für unser Wohlbefinden, und sie kann uns ein Gefühl der Bestimmung und Bedeutung geben. Umgekehrt kann ein Verlust der Zugehörigkeit Stress, vermindertes Wohlbefinden, Wut und Depression auslösen.

Von anderen gesehen zu werden und fähig zu sein, andere zu sehen, gehört zum Ökosystem des Lebens – dem Gefühl, lebendig zu sein. So spenden wir einander Licht und gedeihen. Wir sind soziale Wesen. Unsere Zivilisation hat sich durch Geschichtenerzählen und soziale Interaktion entwickelt, und diese Interaktion basiert auf den Geschichten, die wir erzählen und für wahr halten. Einem anderen Menschen zu vermitteln, dass man ihn wirklich *sieht*, und sich vom Gegenüber gesehen zu fühlen, geschieht nicht durch Worte oder Sätze. Kommunikation und Signale gehen weit über das gesprochene und geschriebene Wort hinaus. Sie passieren auch durch Körpersprache und die Interaktion der Gehirnwellen, die sich unsichtbar mit den Wellen anderer Gehirne verbinden und synchronisieren.

Eins der eindrücklichsten und effektivsten Beispiele für diese unterschwellige Kommunikation zwischen Menschen war Marina Abramovićs Kunstperformance *The Artist is Present* im Museum of Modern Art (MoMA) in New York im Jahr 2010. In dieser Performance waren Besucher aufgefordert, einzeln vor Marina Platz zu nehmen und langen, intensiven

Blickkontakt mit ihr zu halten. Nach drei Monaten, in denen sie rund 700 Stunden reglos auf einem harten Holzstuhl gesessen und durch die Augen mit Menschen kommuniziert hatte, brach Marinas Performance Besucherrekorde im MoMA, einer der meistbesuchten Kunstgalerien der Welt. Die Leute standen Schlange, sie übernachteten sogar vor dem Museum, um die Gelegenheit zu bekommen, von ihr angeschaut zu werden. Indem sie tief in den «Spiegel der Seele» völlig fremder Menschen blickte, konnte Marina ihnen vermitteln, dass sie von ihr wirklich *gesehen* wurden. «Bei der Performance geht es im Grunde um Präsenz», erklärte Marina.

Als wir sie für unseren Dokumentarfilm *InnSæi – Die Kraft der Intuition* in ihrem sternförmigen Haus in der Nähe von New York interviewten, sprach sie über die Entfremdung zwischen Herz und Kopf der Menschen:

> Die Menschen heutzutage sind entfremdet, weil sie die meiste Zeit im Kopf leben und nicht mit ihren Emotionen … Meine Aufgabe bestand darin, hundertprozentig für sie präsent zu sein. Wie schafft man das? Die Atmung ist sehr wichtig. Wenn man schneller atmet, lässt die Konzentration nach. Wenn man aber langsam und gleichmäßig atmet, kann man ein sehr tiefes Bewusstsein für den Moment erreichen, das einen mit seinem Gegenüber verbindet. So wird nonverbale Kommunikation möglich.

Marina nahm wahr, dass viele der Besucherinnen und Besucher während der intensiven Momente mit ihr, wenn sie sich inmitten des von Menschen wimmelnden Museums anblickten, «ungeheuren Schmerz» durchlebten. «Sie projizierten ihn auf mich, sodass ich den Schmerz spüren konnte. Ich war nur der Spiegel.»

Marina war es wichtig, uns mit dieser Performance bewusster zu machen, dass wir ständig in Aktion sind. Wir nehmen uns nie die Zeit, einfach nur auf einem Stuhl zu sitzen und nichts zu tun. Aber, so erklärt sie, «in dem Moment, in dem man mir endlich gegenübersitzt, wird man beobachtet; von den anderen, von den Kameras und von mir. Man kann nirgendwohin entfliehen – nirgendwohin außer nach innen. Und wenn das passiert, entsteht direkt eine Verbindung. Man ist dann wirklich bei sich, was wir eigentlich unser ganzes Leben lang vermeiden.»

Sie sagte auch: «Ich denke, der Erfolg der Performance lag zum Teil darin, dass sie nonverbal war. Es ging nicht darum, Gefühle zu erklären, sondern sie unmittelbar zu empfinden.» Weil es bei Kunst um Ausdruck geht, hat sie das Potenzial, Menschen tief zu berühren und zu bewegen. Sie ist nicht rein materiell, sondern von Geist durchdrungen. Stellen Sie sich vor, Sie sehen einen berühmten Pianisten auf der Bühne, der ein Stück in vollendeter Technik spielt, aber ohne Leidenschaft und Ausdruck. Und nun stellen Sie sich vor, derselbe Pianist spielt dasselbe Stück mit demselben technischen Können, diesmal aber mit vollem emotionalem Ausdruck, mit Herz, Bauch und Kopf in perfektem Flow. Die Darbietung verändert sich, und Sie werden von ihr bewegt – das *innere Meer* wird aufgewühlt.

Wenn das geschieht, erleben wir die Alchemie, die stattfindet, wenn Menschen ihren Geist und ihre Gefühle in etwas Materielles fließen lassen. Ganz gleich, welchen Beruf Sie ausüben, jeder Einzelne von uns kann inspirieren. Wir können entweder großzügig im Geiste sein oder unsere Seele vor anderen verstecken. Wir können mit uns selbst und anderen Menschen verbunden oder unverbunden sein. Marina hatte sich entschieden, sich zu verbinden und großzügig im Geiste zu sein. Dieser Akt der Zuwendung brachte Energie in Fluss und hat Tausende Menschen in aller Welt bewegt – bis heute werden Performances nach ihrem Vorbild veranstaltet, bei denen Fremde sich gegenübersitzen und mit den Augen kommunizieren.

## Den Fokus verschieben

Marina lenkte unsere fokussierte Aufmerksamkeit auf den Randbereich konventioneller menschlicher Interaktion und Kommunikation. Angeregt durch ihr Werk, stellten amerikanische und russische Wissenschaftler Studien zu Marinas Gehirn an. Dabei saß sie Fremden gegenüber und blickte ihnen in die Augen wie bei ihrer Performance. Währenddessen wurden die Gehirnaktivitäten beider beteiligter Personen mittels einer sogenannten Elektroenzephalografie (EEG) gemessen und auf Bildschirme über ihnen projiziert. Die Projektionen zeigten, wie die Gehirnwellen sich im Raum zwischen den beiden Personen miteinander verbanden und kommunizierten. Wenn wir bei irgendeiner Aufgabe mit anderen Menschen interagieren, synchronisieren sich unsere Gehirne. Die

Grenze zwischen dem Geist eines Menschen und dem des anderen verschwimmt – das kann auch zwischen Fremden geschehen, die sich im selben Raum befinden. Wenn wir viel Zeit miteinander verbringen oder sogar zusammenleben, fangen unsere Gehirne an, sich zu synchronisieren. Das geht so weit, dass wir mitunter sogar ähnliche Gedanken und Ansichten entwickeln.

Der Autor und Psychiater Iain McGilchrist hat viel über die komplexen Funktionen des menschlichen Gehirns und des Bewusstseins geschrieben. Das Bewusstsein im weitesten Sinn wird üblicherweise in das Bewusste (das, wovon wir wahrnehmen, dass wir es wahrnehmen) und das Unbewusste (das, wovon wir nicht wahrnehmen, dass wir es wahrnehmen) unterteilt – und nur ein kleiner Bruchteil unseres Geistes ist bewusst. Wenn wir etwas Neues lernen oder ein Problem lösen müssen, nutzen wir unseren fokussierten Geist. Aber wenn wir mit etwas vertraut werden, beispielsweise Fahrradfahren, sinkt es in unser Unbewusstes, wo wir unsere Aufmerksamkeit nicht mehr gezielt darauf richten. Vertrautheit kann uns zu einer zombieartigen oder abgestumpften Daseinsweise verleiten, bei der wir nicht mehr darauf achten, was wir tun oder sehen, die unterschwelligen Signale und Nuancen nicht mehr wahrnehmen, die unser Leben bereichern und unser Dasein erhellen könnten. Iain erklärt, dass unsere Intuition unser Tor zum unbewussten Geist ist. Sie auszublenden, würde bedeuten, dass wir den größten Teil unseres Wissens ausblenden, denn nur ein sehr kleiner Anteil unserer geistigen Prozesse läuft bewusst ab – tatsächlich sind rund 99 Prozent völlig unbewusst. Unsere Intuition «macht uns auf Dinge aufmerksam, die unser ziemlich langsamer bewusster Verstand vielleicht gar nicht wahrnimmt», erklärt er in dem Film *InnSæi*. Stellen Sie sich vor, Ihr Handy würde nur ein bis fünf Prozent Ladestand anzeigen – so wenig nehmen wir bewusst von all dem wahr, was um uns herum und in unserem Geist vor sich geht.

Wir sollten auch nicht vergessen, dass das Bewusste und das Unbewusste keine separaten Einheiten, sondern ein großes Ganzes sind. Iain McGilchrist nutzt das Bild eines Scheinwerfers, um anschaulich zu machen, wie wir unsere Aufmerksamkeit unterschiedlich steuern können. Stellen Sie sich vor, Sie sind im Theater, und die große, weite Bühne vor Ihnen ist stockdunkel. Plötzlich geht hoch oben an der Decke ein Scheinwerfer an und beleuchtet einen kleinen Teil der Bühne. Dieses Spotlight, das Sie sehen, steht für Ihren bewussten und fokussierten Geist. Der Rest der Bühne ist riesig, ein bisschen wie der Ozean, ohne klare Begrenzungen. Wenn Sie den Scheinwerfer herumschwenken, können Sie den Randbereichen Ihres fokussierten Geistes mehr Aufmerksamkeit schenken. Dazu brauchen wir unser ganzes verkörpertes Sein – Kopf, Herz, Bauch, Hand und all unsere Sinne. Obwohl nicht greifbar und schwer zu bestimmen, ist das Unbewusste doch der wichtigste und umfangreichste Teil unserer Erfahrung. In ihm unterscheiden wir, wägen ab, analysieren, entdecken Schönheit, verarbeiten Herausforderungen, lösen Probleme, stellen uns Möglichkeiten vor, verlieben uns und so weiter, ohne uns dessen ganz bewusst zu sein. Es liegt allem anderen zugrunde, und wenn wir wollen, können wir es besser kennenlernen und uns enger mit ihm verbinden. Wenn wir die Welt wahrnehmen, indem wir unser Spotlight herumschwenken, bei unseren Sinnen, Emotionen und unserem ganzen Körper sind, erkunden, was an der Peripherie unseres fokussierten und bewussten Geistes liegt, gelingt es uns eher, unsere Intuition und unseren Verstand in ein Gleichgewicht zu bringen, und wir können präsenter sein.

**Wie Sie wieder bewusster werden**

- Wenn Sie sich an einem sehr vertrauten Ort befinden (vielleicht in einem Besprechungsraum oder im Bus sitzen oder beim Essen im Freundes- oder Familienkreis), achten Sie auf die Dinge, die um Sie herum vorgehen und denen Sie normalerweise keine Aufmerksamkeit schenken. Beobachten Sie, wie die Menschen in Ihrer Umgebung ihre Hände gebrauchen, welche Geräusche sie machen, die Farben und Bewegungen im Raum, was jede Person sagt.
- Führen Sie ein Gespräch mit einer fremden Person, hören Sie aktiv zu, was diese sagt, und versuchen Sie, die Situation Ihres Gegenübers zu verstehen, ohne zu urteilen.
- Weichen Sie von Ihren Gewohnheiten ab. Gehen Sie einen Straßenblock weiter, kaufen Sie in einem anderen Stadtteil ein, der sich sehr von Ihrem unterscheidet, hören Sie einen Radiosender, der «nicht so Ihr Ding ist», achten Sie einen Tag lang auf alles, was grün ist.

### Das innere Meer beruhigen, um Klarheit zu gewinnen

**Das Wort *Emotion* hat seinen Ursprung in dem Verb für «bewegen, aufwühlen oder erregen». Lassen Sie sich von Ihren Emotionen bewegen, aufwühlen und erregen, aber gehen Sie nicht darin unter. Seien Sie nicht das Meer – navigieren Sie auf ihm.**

- Nehmen Sie eine bequeme Haltung ein. Atmen Sie ein paarmal tief durch, lassen Sie alle Anspannung und alle Sorgen los. Beobachten Sie, wie das Ihren Körper entspannt.
- Stellen Sie sich das Innere Ihres Geistes als einen großen, weißen Raum vor. Sie können hineingehen, und während Sie diesen Raum betreten, suchen Sie sich eine Stelle, an der Sie sich niederlassen können.
- Wenn Sie Ihren Platz gefunden haben, schauen Sie sich um und sehen Sie, wie Ihre Gedanken um Sie herum kreisen, wie Bilder oder kurze Filmsequenzen. All Ihre Gedanken und Sorgen fliegen in diesem weißen Raum in Ihrem Kopf umher.
- Beobachten Sie sie aufmerksam, nehmen Sie sie wahr und erlauben Sie ihnen dann, aus Ihrem Kopf zu verschwinden. Tun Sie das so lange, bis Sie in Ihrem Geist sehen und in Ihrem Körper spüren, dass der große weiße Raum in Ihrem Kopf leer ist, friedlich und still.

## Vom Leben erleuchtet

Die Erde wird oft «Blauer Planet» genannt, und das aus gutem Grund. Fast das gesamte Wasser auf der Welt befindet sich im Ozean, und der Ozean bedeckt rund 70 Prozent der Erdoberfläche. Auch der menschliche Körper besteht größtenteils aus Wasser und kann nur zwei oder drei Tage ohne Wasserzufuhr überleben. Wenn wir auf die Welt kommen, bestehen wir zu etwa 75 bis 80 Prozent aus Wasser. Mit zunehmendem Alter wird dieser Anteil geringer – am Lebensende ist der Wassergehalt unseres Körpers auf 40 bis 50 Prozent gesunken. So fundamental ist Wasser für unsere Energie und Existenz.

Außerdem produziert der Ozean 50 bis 80 Prozent des Sauerstoffs in der Erdatmosphäre, unter anderem durch ein komplexes Zusammenspiel zwischen Sonne, Mond und vielen winzigen Lebewesen, die für das Gedeihen ganzer Ökosysteme verantwortlich sind. Das heißt, bis zu vier von fünf Atemzügen, die Sie und ich jetzt gerade tun, stammen aus dem Meer. Stellen Sie sich das einmal vor! Unser InnSæi funktioniert gewissermaßen ähnlich, wenn es uns hilft, Entscheidungen zu treffen, und unser Überleben sichert.

Die wichtigsten Treiber dieser erstaunlichen Produktion Leben spendenden Sauerstoffs auf unserem Planeten sind mikroskopisch kleine, im Wasser schwimmende Pflanzen, genannt Phytoplankton oder Mikroalgen. Sie sind mit bloßem Auge meist nicht sichtbar, aber mithilfe eines Mikroskops können wir ihre faszinierenden Formen und Gestalten beobachten, die winzigsten Details und Funktionsmuster. Sie sind wahrlich Kunstwerke.

In der Oberflächenschicht der Weltmeere wimmelt es von diesem photosynthetisch aktiven Plankton, der laut der nationalen Ozean- und Atmosphärenbehörde der USA mehr Sauerstoff produziert als die größten Redwood-Wälder. Obwohl sie nur rund ein Prozent der pflanzlichen Biomasse auf der Erde ausmachen, produzieren Phytoplankton oder Mikroalgen wenigstens die Hälfte des Sauerstoffs in unserer Atmosphäre. Eine Bakterienspezies, Prochlorococcus, ist der kleinste photosynthetisch aktive Organismus auf der Erde. Dieses winzige Bakterium produziert bis zu 20 Prozent des Sauerstoffs in der globalen Biosphäre, mehr als alle tropischen Regenwälder zusammen.

All das zeigt, dass es nicht auf die Größe ankommt. In einer Gemeinschaft gleichgesinnter Wesen, die ihrer Bestimmung folgen, können wir die Welt erhellen. Wenn es Nacht wird, beginnen manche dieser Meeresorganismen im Dunkeln zu leuchten. Falls Sie es noch nie gesehen haben, stellen Sie sich vor, Sie blicken auf den Ozean hinaus: Sie hören und sehen seine rhythmischen Bewegungen in der Nacht, erleuchtet von Tausenden winziger Lichter. Man nennt das Biolumineszenz. *Bios* heißt «Leben», und *lumen* heißt «Licht» – sie sind vom Leben erleuchtet.

Wie Bäume und andere Pflanzen an Land enthält auch Phytoplankton den grünen Farbstoff Chlorophyll, mit dessen Hilfe er Sonnenlicht zur Photosynthese nutzen und seine Energie binden kann. Dabei wird Kohlendioxid abgebaut (das in zu hoher Konzentration die Atmosphäre belastet) und Sauerstoff freigesetzt. Was für ein unglaublich nützliches Leben diese Mikroorganismen führen!

Metaphorisch stelle ich mir gern vor, dass auch wir Menschen Photosynthese betreiben. Ein schöner Spaziergang in der Sonne kann uns mit Energie aufladen. Die Sonne ist für unsere Existenz unverzichtbar – mit ihrer Hilfe produzieren wir das Vitamin D, das wir für starke Knochen, ein gesundes Immunsystem und unser allgemeines Wohlbefinden brauchen. Und je mehr Licht im metaphorischen Sinn – in Form von Schönheit, Ehrfurcht und positiver Energie – wir in unser Leben holen, umso mehr Energie haben wir und umso besser können wir als menschliche Wesen gedeihen und füreinander sorgen.

Das Licht in unserem Leben wird stärker, wenn wir von Menschen, die wir lieben, *gesehen* werden und gegenüber anderen großzügig im Geiste sein können. Sie kennen dieses Gefühl, wenn Sie ganz von Licht erfüllt sind, wenn Sie dieses Funkeln in den Augen haben, strahlend aussehen oder – besser noch – richtig brennen! Wir wünschen anderen, sie mögen auf der Sonnenseite des Lebens stehen, oder danken ihnen dafür, dass sie Krieger des Lichts sind, wenn sie Positivität und Liebe in unser Leben bringen. Und wenn das Leben uns auf eine harte Probe stellt, wenn wir an unsere Grenzen kommen und uns die Energie ausgeht, dann wird unser Licht schwächer, und andere reden uns vielleicht gut zu, dass es «Licht am Ende des Tunnels» gebe. In Momenten wie diesen ist es gut, sich darauf zu besinnen, dass wir niemals allein sind, ganz gleich, wie klein und unbedeutend wir uns fühlen. Wir können unsere Zellen zum Leuchten bringen, indem wir bewusst die Wellen im Ozean visualisieren und tief ein- und ausatmen. Wir versetzen das *innere Meer* in Bewegung, helfen ihm zu fließen und bleiben dynamisch, gesund, kreativ und kraftvoll. Wir können uns vorstellen, dass die Zellen in unserem Körper im Dunkeln leuchten wie Phytoplankton in den Wellen, und dabei spüren wir die Energie, die uns durchströmt.

Würde die Natur nicht das Gleichgewicht zwischen Kohlendioxid und Sauerstoff in der Atmosphäre regulieren, könnten wir nicht auf 10 000 Jahre Stabilität im Wetter und den Ökosystemen der Erde zurückblicken. Ohne ein gesundes Gleichgewicht zwischen tiefem Ein- und Ausatmen, zwischen unserem intuitiven und rationalen Geist ist der Fluss unseres *inneren Meeres* blockiert. Wir brauchen dieses Gleichgewicht, um Energie zu erzeugen, um Licht abzugeben, um «Photosynthese zu betreiben».

### Wasser-Übung

- Lauschen Sie auf die Geräusche des Wassers. Sie können online meditative Wasserklänge anhören oder sich an einen Springbrunnen, Fluss, Bach oder Wasserfall setzen. Lauschen Sie achtsam ein paar Minuten lang. Dann stellen Sie sich vor, das Geräusch ist in Ihnen.
- Nehmen Sie zu Hause eine bequeme Haltung ein, schließen Sie die Augen und tun Sie ein paar tiefe Atemzüge, um Ihren Geist zu beruhigen.
- Stellen Sie sich vor, Sie spazieren durch einen wunder-

schönen grünen Garten. Sie sehen einen Teich und gehen hin. Setzen Sie sich an den Teich und betrachten Sie Ihr Spiegelbild darin. Ist das Wasser ruhig, oder ist die Oberfläche gekräuselt? Ist Ihr Gesicht klar zu erkennen oder verschwommen?

- Während Sie bewusst tief atmen, beobachten Sie, wie das Wasser ruhiger wird, bis Ihr Bild darin so klar zu sehen ist wie in einem Spiegel. Lächeln Sie.

## Flow

Sei wie Wasser, mein Freund, das sich seinen Weg durch Risse bahnt. Wenn nichts in dir starr bleibt, werden sich die äußeren Dinge offenbaren.

*Bruce Lee*

Je stärker unser *inneres Meer* zirkuliert und fließt, umso weiter wird die Welt sich uns öffnen. Je mehr wir es aufgeben, Dinge kontrollieren zu wollen, die nicht in unserer Hand liegen, und uns stattdessen dem Ozean des Lebens anvertrauen, umso resilienter und leichter werden wir. Das *innere Meer* beschreibt die grenzenlose Natur unserer inneren Welt, das Universum in jedem Einzelnen von uns. Es ist eine Welt jenseits der Worte, eine Welt der Vision, der Gefühle und der Imagination.

Das *innere Meer* ist ständig in Bewegung und erzeugt neue Verbindungen aus den Millionen und Milliarden einzelner Informationen und Erfahrungen, die wir durch unseren Körper, unser Herz, unsere Sinne und unser Gehirn aufnehmen. Es ist komplex und dynamisch. Man kann es nicht in Einzelteile zerlegen und wieder zusammensetzen wie ein Auto. Vielmehr ist es komplex – wie ein Regenwald, der seiner eigenen Logik folgend ein lebendiges Ökosystem hervorbringt. Es braut, prägt und formt Dinge, die uns nicht bewusst sind, die wir aber vielleicht später einmal in Worte fassen können. Das *innere Meer* kann man nicht in Raster pressen, denn dann hört es auf zu fließen. Jetzt ist es an der Zeit, uns näher mit der Frage zu beschäftigen, was wir mit «Flow» oder einem Zustand des «Im-Fluss-Seins» eigentlich meinen, wie dieser «Fluss» direkt mit dem natürlichen Kreislauf unseres InnSæi verbunden ist und seine Kräfte steigert.

Ein Flow-Zustand ist «die tiefste Form der Konzentration und Aufmerksamkeit, die wir kennen», schreibt Johann Hari, Autor von *Abgelenkt* (2022). Wenn wir ganz in einem Gefühl von energetisiertem Fokus aufgehen, werden wir eins mit dem, was wir tun. Wir nennen das «im Flow sein». Es ist ein optimaler Bewusstseinszustand, in dem wir uns einfach nur gut fühlen und maximal leistungsfähig sind. Alfred Gislason, einer der erfolgreichsten Handballtrainer in Deutschland und ehemaliger Coach der isländischen Nationalmannschaft, kennt dieses Gefühl gut. Im Interview mit mir sagte er: «Kurz bevor ein Spiel angepfiffen wird, passiert es manchmal, dass ich buchstäblich in das Spiel hineinfalle. Dann verschwindet alles um mich herum. Ich lebe nur noch in dem Spiel.»

Er nimmt Menschen im Publikum dann gar nicht wahr, auch nicht, wenn sie ihn direkt ansprechen. «Einmal hat sich ein Bekannter bei einem gemeinsamen Freund beklagt, er sei während eines Spiels in Berlin am Spielfeldrand auf mich zugekommen, um mich zu begrüßen. Ich hätte getan, als würde ich ihn nicht kennen. Als mein Freund das mir gegenüber erwähnte, konnte ich mich nicht erinnern, den Bekannten gesehen zu haben.» Alfred taucht so völlig in das Spiel ein, dass sogar seine Neuronen anfangen zu feuern und seinen Körper Bewegungen machen lassen, als würde er selbst mitspielen.

Ein österreichischer Sportcoach, der auf Neuronen spezialisiert ist, hat einmal zu Alfred gesagt, sein Verhalten am Spielfeldrand während eines Handballspiels sei das extremste Beispiel für die Wirkung von Spiegelneuronen, das er je gesehen habe. Spiegelneuronen spiegeln im Prinzip das Verhalten anderer – es fühlt sich körperlich so an, als würde man die Handlungen der anderen Person selbst ausführen. Als ich erstmals von Spiegelneuronen hörte, erinnerte ich mich an meine Neigung, Verhaltensweisen von Freunden zu übernehmen oder sogar von Menschen, die ich gar nicht kenne. Denken Sie nur einmal daran, dass Sie gähnen, wenn Sie jemand anderen gähnen sehen – und auch Lächeln kann ansteckend sein. Das Gebiet ist noch nicht abschließend erforscht, aber anscheinend hängen sowohl Lernen als auch Empathie und Mitleid von einem System von Spiegelneuronen ab. Dasselbe Prinzip lässt sich vielleicht auch auf destruktive mentale Prozesse, Gewalt und Aggression anwenden, denen wir ausgesetzt sind, sei es im wirklichen Leben oder etwa in den Medien. So mächtig sind diese winzigen Neuronen.

Mark Pollock erkundet auf dem Gebiet der Heilung von Rückenmarksverletzungen als Pionier die Grenzen des Möglichen, unter anderem mit aggressiver Physiotherapie und Robotik-Technologie. 2016 gelang es ihm, mithilfe elektrischer Impulse und eines robotischen Exoskeletts zu gehen. Die Bewegung steigerte seinen Puls bis in die aerobe Trainingszone, einen Bereich, den er seit seiner Lähmung nicht einmal annähernd erreicht hatte. Wie Alfred Gislason ist auch Mark Pollock ein unglaublich inspirierender Vordenker, der seine Erkenntnisse bereitwillig mit Menschen aus aller Welt teilt. Als ich Mark fragte, wie er Intuition oder InnSæi beschreiben würde, sagte er, sein erster Gedanke dazu sei Bauchgefühl. Als er länger darüber nachdachte, fand er jedoch, dass das nicht wirklich den Kern der Sache traf. Es war vielmehr der veränderte Bewusstseinszustand, den man im «Flow» erlebt – er selbst hat trainiert, sich auf Kommando in diesen Zustand versetzen zu können. «Im Zuge dieser Forschung und Praxis habe ich gelernt, dass unser Neokortex abschaltet, sodass wir unser Selbstempfinden verlieren und die Zeit sich dehnt – sie läuft schneller oder langsamer, man tut Dinge mühelos, und was für Ihre Frage vielleicht das Wichtigste ist: Wir erbringen körperliche und geistige Leistungen, von denen wir selbst nicht wussten, dass wir dazu fähig sind.» Mark betrachtet die Thematik von einer anderen Seite: Seine Perspektive ist die eines Menschen, der sich damit beschäftigt hat, welches Leistungspotenzial ein Flow-Zustand uns ermöglicht. Dabei hat er entdeckt, dass zugleich auch unsere Intuition gesteigert wird. Das heißt, wenn wir einen Flow-Zustand nutzen, um unser Potenzial voll auszuschöpfen, rücken wir dabei unsere Intuition in den Vordergrund und schieben den «inneren Editor» in unserem Geist beiseite – die kritische Stimme, die ständig kommentiert, was wir tun und wie wir es tun, und beurteilt, ob wir in der Lage sind, unsere angestrebten Ziele zu verwirklichen. Diese Instanz ist eins der häufigsten Hemmnisse für den kreativen Flow von Schriftstellern, Künstlern und allen, die aus dem Herzen sprechen oder ein Wagnis eingehen wollen. Der Flow, so erklärt Mark weiter, ermöglicht uns eine ganz besondere, enge Verbindung zu uns selbst, anderen Menschen und der Welt um uns herum. Nach Marks Aussage erfordert das «einen Flow-Zustand, in dem wir unbewusst oder intuitiv handeln auf eine Weise, wie wir es nicht können, wenn der hochentwickelte präfrontale Kortex unseres Gehirns, der für Logik und Rationalität zuständig ist, das Ruder übernimmt.»

Mihaly Csikszentmihalyi ist wohl der bekannteste Experte auf dem Gebiet des Flow. Er wurde insbesondere durch sein wegweisendes Buch *Flow: Das Geheimnis des Glücks* berühmt. Darin stellt er seine Theorie vor, dass Menschen am glücklichsten sind, wenn sie sich in einem Flow-Zustand befinden, ganz in einer herausfordernden, aber machbaren Tätigkeit aufgehen. Sie sind dann so in ihr Tun versunken, dass alles andere unwichtig ist – sie sind «im Flow» oder «in der Zone». Die Funktion des präfrontalen Kortex ist vermindert, das heißt, diese Menschen haben ihren urteilenden, übermäßig analytischen und zweifelnden inneren Kritiker beiseitegeschoben, um ihr Potenzial voll auszuschöpfen.

Der Flow steigert nicht nur unser Glück und Wohlbefinden, sondern macht uns auch kreativer und produktiver.

Um es mit Csikszentmihalyis Worten zu sagen: Flow ist «ein Zustand, in dem Menschen so in eine Tätigkeit vertieft sind, dass scheinbar nichts anderes mehr eine Rolle spielt; das ist eine so angenehme Erfahrung, dass man sie immer wieder haben will, auch wenn man einen hohen Preis dafür zahlt, einfach um des Tuns selbst willen.» In diesem Zustand kann das innere Meer frei strömen und ist durch nichts gehemmt. Die Menschen sind dann wie das Wasser in Bruce Lees Metapher – wenn nichts in ihnen starr bleibt, tut sich ihnen die Welt auf. Glück ist kein starrer, unveränderlicher Zustand, wie Csikszentmihalyi argumentiert. Im Gegenteil, die Manifestation von Glück erfordert aktiven Einsatz.

> Ich glaube, dass der Welt eine tiefe Bedeutung innewohnt, die wir entdecken können, nicht erfinden. Wir müssen dazu unsere Haltungen und Einstellungen gegenüber der Welt ändern. Es ist, als wenn man einen Garten pflegt – die Pflanzen sprießen zu ihrer Zeit. Heute herrscht allgemeine Einigkeit darüber, dass 99,5 Prozent dessen, was um uns herum vor sich geht, unbewusst ist. Das ist nichts Schlechtes. Hier spielt sich all das ab, was wirklich reich und ergiebig ist. Es ist wichtig, die Intuition der Menschen zu entfesseln.
>
> *Iain McGilchrist, Autor und Psychiater, in seinem Buch* The Master and His Emissary

McGilchrist vertritt die Auffassung, dass wir in logischem und rationalem Denken verhaftet sind um den Preis, weniger präsent, intuitiv und mit der Welt, in der wir leben, verbunden zu sein. Der «Meister» ist der weite, unbewusste, intuitive, ganzheitlich wahrnehmende Geist, und der «Gesandte» ist eigentlich der Diener, der die Absichten des Meisters zu realisieren hilft – er verfügt über die Fähigkeit, zu organisieren, zu analysieren, zu berechnen und auszuführen. Mit der Zeit hat jedoch der Gesandte, unser rationaler, logischer Geist, ein falsches Verständnis von seiner Stellung in der Welt entwickelt und hält sich nun selbst für den Meister. Infolgedessen, so Iain, haben wir grundlegend den Zugang zu einer breiteren, offeneren Herangehensweise an die Welt verloren. Vereinfacht ausgedrückt, ist die rechte Gehirnhälfte in Iains Buch als der Meister charakterisiert und der Gesandte als die linke Gehirnhälfte. Der Unterschied zwischen den Gehirnhälften liegt nicht darin, *was* sie tun, sondern *wie* sie es tun.

«Aus evolutionären Gründen mussten wir dazu in der Lage sein, die Welt auf zwei verschiedene Arten zu sehen. Wir müssen die Welt als Ganzes verstehen und sie gleichzeitig manipulieren können. Wir brauchen beide Ansätze, den engen, fokussierten und den aufmerksamen und langfristigen», erklärt er in dem Film *InnSæi.* Die eng fokussierte Herangehensweise ist nicht unwichtig – im Gegenteil, sie ist sogar sehr wichtig, etwa damit wir Informationen und Wissen organisieren, kalkulieren, planen und analysieren können, um nur ein paar Punkte zu nennen. Aber die Kehrseite der Medaille ist laut Iain McGilchrist, dass diese Haltung unsere Fähigkeit in den Hintergrund gedrängt hat, in einen Flow-Zustand zu kommen oder das Gesamtbild zu sehen, im Augenblick präsent zu sein, intuitiv und kreativ, und zu verstehen, wie alles miteinander verbunden und Teil eines komplexen Ganzen ist.

Tatsächlich sind wohl die meisten von uns darin geschult, die Welt in starren Kategorien zu sehen und in Raster zu pressen. Wir teilen Wissen in unterschiedliche Fachrichtungen ein, und oft fehlt der interdisziplinäre Austausch, der einen ganzheitlichen Blick auf die Welt ermöglichen könnte. Alle zehn Sekunden wird ein wissenschaftlicher Artikel veröffentlicht – das macht rund drei Millionen Artikel pro Jahr. In jedem einzelnen stecken viele Stunden Forschung, Begutachtung und Überarbeitung. Eine Menge Energie, Zeit und Ressourcen werden in diese Fachaufsätze investiert, und es ist nicht einmal sicher, dass sie von mehr als nur einer Handvoll Leute gelesen werden. Zum Beispiel wurden zu einem einzigen Protein namens «p53» mehr als 70 000 Artikel veröffentlicht, und es gibt mehr als 10 000 Artikel über Algorithmen für selbstfahrende Autos, so Johan Rockström und Owen Gaffney in ihrem Buch *Breaking Boundaries: The Science of Our Planet* (2021).

«Angesichts solcher Mengen an Informationen, die in so vielen einzelnen Zeitschriften herumschwirren, größtenteils hinter einer Paywall versteckt, kann Forschung verwirrend, fragmentiert und unstrukturiert wirken, und es mag unmöglich erscheinen, sich immer auf dem aktuellen Stand zu halten – selbst für Fachleute, die in dieser Welt zu Hause sind», schreiben Rockström und Gaffney. In dem Buch *The Human Quest* (2012) erklären Johan Rockström und Mattias Klum, dass wir uns wieder mit der Erde verbinden müssen, nicht nur um Nachhaltigkeit und das erforderliche Umdenken zu ermöglichen, sondern auch um unsere Kreativität, Intuition und unser erweitertes Bewusstsein zu fördern. InnSæi ist ein

Katalysator für Kreuzbestäubung – Dinge, die auf den ersten Blick nichts miteinander zu tun haben, erschaffen einen Kosmos aus dem Chaos, und die Welt tut sich neu auf. Aus dem *inneren Meer* heraus können wir besser sehen, wie alles Teil eines größeren Ganzen ist.

## Die Wegfinder

> Wenn wir diese spezifischen intellektuellen und beobachterischen Fähigkeiten isolieren, dekonstruieren, gar feiern, laufen wir Gefahr, dass uns das eigentlich Wesentliche entgeht, denn das Geniale der polynesischen Navigation liegt nicht im Speziellen, sondern im Ganzen, in der Art, wie sich all diese Einzelinformationen im Geist des Wegfinders zusammenfügen.
>
> *Wade Davis, Anthropologe und Autor von* The Wayfinders *(2009)*

Sowohl dem Bewusstsein als auch dem Ozean kommt eine fundamentale Bedeutung zu, dem einen für unsere Existenz, Energie und Intelligenz, dem anderen für das Wetter, die Luft und die Verfügbarkeit von Nahrung. Und doch bleiben beide, der Ozean wie das Bewusstsein, in großen Teilen rätselhaft. Liegt es daran, dass sie zu immateriell, zu wenig greifbar sind, unmöglich linear und statistisch zu messen und zu erfassen? Liegt es daran, dass die Methoden und Werkzeuge, mit denen wir unsere heutige Lebenswelt zu verstehen versuchen, auf die Geisteshaltung des Gesandten beschränkt sind? Und war das schon immer so?

Vor Hunderten von Jahren waren die alten polynesischen Seefahrer in der Lage, sich fast auf dem gesamten Pazifischen Ozean zu orientieren, und das ganz ohne die Technologie, über die wir heute verfügen. Im Gegensatz dazu kennen wir heute trotz moderner Technologie Schätzungen zufolge nur zwischen 5 und 20 Prozent der Ozeane der Welt.

Unser Gehirn ist auf die Welt um uns herum eingestellt, und es macht einen Unterschied, ob wir das Leben aus der Distanz betrachten, abstrakt und entfremdet, oder ob wir darin eintauchen und zulassen, dass es uns von innen heraus durchdringt. 2011 traf ich in Dalian, China, zum ersten Mal meinen Freund, den Meeresforscher Enric Sala. Er war früher im akademischen Bereich tätig, aber inzwischen verbringt er die meiste Zeit unter Wasser und erkundet den Ozean unmittelbar.

Enric ist in Spanien nahe der Küste aufgewachsen und bewunderte den führenden Meeresforscher des 20. Jahrhunderts, Filmemacher und Naturschützer Jacques-Yves Cousteau. Von Cousteaus Arbeit inspiriert, studierte Enric Meeresbiologie und wurde Universitätsprofessor. Doch nach einiger Zeit im akademischen Elfenbeinturm fühlte Enric sich dem Objekt seiner Leidenschaft, dem Ozean, zu fern. Er selbst formulierte es einmal so, dass er seine Stellung an der Universität aufgab, weil ihm klar wurde, dass er im Grunde einen Nachruf auf das Leben im Ozean verfasste. Er sah, wie die Gesundheit des Ozeans immer mehr Schaden nahm, manchmal bis hin zur völligen Zerstörung, und er empfand ein dringendes Bedürfnis, die Ökosysteme des Meeres und seine Fähigkeit, lebendig zu gedeihen, wiederherzustellen. Dazu musste er so viel wie möglich selbst in den Ozean eintauchen, um seine Logik zu spüren und dazu beitragen zu können, seine Kräfte zu regenerieren. Jetzt leitet Enric das Projekt National Geographic Pristine Seas, das bis heute bereits an der Schaffung von 26 der größten Meeresschutzgebiete auf dem Planeten beteiligt war. Diese Gebiete nehmen eine Gesamtfläche von mehr als 6,5 Millionen Quadratkilometern ein. Im Gespräch mit mir erklärte Enric, seine Arbeit habe ihm geholfen, seine «Intuition darüber zu entwickeln, was mit dem Ozean heute nicht stimmt und wie man ihn heilen kann». Dazu wurde er nicht nur von Cousteau, sondern auch von den alten polynesischen Seefahrern inspiriert.

> Ich liebe das Beispiel der polynesischen Seefahrer. Diese Leute fuhren Hunderte Kilometer in winzigen Kanus über unbekannte und unerforschte Meere, ohne zu wissen, wohin die Reise ging. Sie besaßen ein riesiges Wissen ... Sie kannten die Wellen, die Strömung, die Wolken, den Wind, die Sterne. Sie konnten das Meer lesen. Sie konnten anhand von Spiegelungen an den Wolken erkennen, wenn in der Ferne eine Insel war. Sie hatten ein Gespür dafür, ob Land in ihrer Reiserichtung lag. Die Polynesier hatten diesen riesigen Wissensschatz über viele Generationen angehäuft. Er wurde ein Teil ihres kollektiven Unbewussten. [...] Die Polynesier waren in der Lage, fast den gesamten Pazifischen Ozean zu kartieren, das größte Ozeangebiet der Erde. Und dabei hatten sie weder GPS noch Computer, sie hatten Stabkarten. [...] Die Polynesier konnten das, weil sie so viel

Zeit auf dem Meer verbrachten und es selbst unmittelbar erlebten.

*Enric Sala, aus dem Film* InnSæi – Die Kraft der Intuition

Die Geschichte der polynesischen Navigationskünstler begann tausend Jahre vor Christi Geburt. Fünfhundert Jahre vor Kolumbus hatten die Polynesier im Laufe von nur achtzig Generationen praktisch jede Inselgruppe im Pazifik besiedelt und eine einzige Sphäre kulturellen Lebens erschaffen, die sich über rund 25 Millionen Quadratkilometer erstreckte. Die meisten dieser Inseln sind relativ klein, und wenn man auf dem Pazifik segelt, sieht man nichts als die immense Weite des Ozeans und den endlosen Himmel.

Stellen Sie sich für einen Moment vor, was für Reisen das waren. Die Seefahrer saßen in kleinen, offenen Kanus, die mit einfachen Werkzeugen gebaut waren, nur aus dem Material, das Mutter Natur bereithielt – etwa Korallen, Steine und menschliche Knochen. «Ihre Segel waren aus den Blättern von Schraubenpalmen gewebt, die Planken mit Schnüren aus Kokosfasern zusammengenäht; Ritzen wurden mit Saft vom Brotfruchtbaum und Harz abgedichtet», wie Wade Davis es in *The Wayfinders* (2009) beschreibt. «Den Elementen ausgesetzt, tagsüber der Sonne, nachts dem kalten Wind, mit Hunger und Durst als ständigen Begleitern, überquerten diese Leute Tausende Kilometer weit den Ozean, entdeckten Hunderte neuer Länder, manche so groß wie kleine Kontinente, andere nur Inselatolle mit weniger als einem Kilometer Durchmesser und ohne eine Landmarke, die höher war als eine Kokospalme.»

Die alten polynesischen Navigatoren konnten «Inseln aus dem Meer ziehen», schreibt Wade Davis, und das verdankten sie ihrer außerordentlichen Verbindung zum Ozean und der natürlichen Welt. Sie verstanden die Physik und Metaphysik der Wellen, konnten zwei- bis dreihundert Sterne benennen und ihre Konstellationen lesen, um danach zu navigieren.

In den letzten Jahren ist dieses uralte Wissen durch Menschen wie Nainoa Thompson, den Präsidenten der Polynesian Voyaging Society, wieder in den Blick gerückt. Mitglieder der Organisation haben die jüngeren Generationen darin geschult, auf der Basis der alten Traditionen zu navigieren, sich an ihre kulturellen Wurzeln und die Sitten ihrer Vorfahren zu erinnern.

Als ich bei einer Fahrt auf dem Pazifik einen von Nainoas Mitarbeitern kennenlernte, Tua Pittman, fragte ich ihn nach seiner Tätigkeit, und wir redeten über InnSæi in der alten und der modernen Welt. Tua sprach ganz sachlich darüber, dass wir die Wahl haben, worauf wir unsere Aufmerksamkeit richten und was Eingang in unser Bewusstsein findet. Wir können uns bewusst dafür entscheiden, in die Welt und die Natur einzutauchen und danach zu navigieren, wie diese auf unser InnSæi wirken, oder wir können zum Objekt externer Steuerungskräfte wie Werbung, sozialer Medien und menschengemachter Daten werden. Es liegt bei uns, sagt Pittman.

Als Sie und ich heute Morgen erwachten, da erwachten wir unter demselben Mond und denselben Sternen wie die alten polynesischen Seefahrer. In was für einer Welt könnten wir heute leben, wenn wir uns mit all unseren Sinnen mit ihr verbinden könnten, aus dem inneren Meer heraus?

Die Wegfinder mussten einen endlosen Strom an Daten, Intuitionen und Erkenntnissen verarbeiten, die sie aus ihrer Beobachtung und den dynamischen Rhythmen und Interaktionen der Natur um sie herum zogen. Sie waren sich ihres InnSæi und ihres inneren Kompasses hochgradig bewusst und darauf eingestimmt, wenn sie auf dem größten Ozean der Welt navigierten. Wie Wade Davis in seinem Buch *The Wayfinders* eindrücklich erklärt, lag ihr Genie darin, dass sie das Gesamtbild verstanden und wussten, wie alles zusammenwirkt, um ein Ganzes zu ergeben. Die alten polynesischen Navigationskünstler legten ebensolche Genialität an den Tag, sagt Wade, wie die Menschheit es tat, als sie einen Mann zum Mond schickte. Wie wir navigieren und die Welt wahrnehmen, ist entscheidend. Es enträtselt uns die Welt, definiert unsere Stellung in ihr und prägt die Art und Weise, wie wir auf sie wirken.

*Die wichtigsten Schlüssel zu InnSæi*

- ⋆ Der Ozean ist die älteste Metapher für das Bewusstsein. Je tiefer wir darin eintauchen, umso ruhiger sind beide. Unser Wissen über den Ozean wie auch über das Bewusstsein ist beschränkt; beide gilt es noch zu entdecken.
- ⋆ Meditation und bewusstes Atmen können uns helfen, Zugang zu den Tiefen unseres InnSæi und geistige Klarheit zu erlangen.
- ⋆ Je tiefer wir mit dem *inneren Meer* verbunden sind, umso besser können wir uns mit anderen Menschen und der Welt um uns herum verbinden.

- ⋆ Wir kommunizieren jenseits von Worten und durch unsere bloße Gegenwart.
- ⋆ Nur ein winziger Bruchteil unserer geistigen Prozesse läuft bewusst ab. Üben Sie sich darin, den Scheinwerfer der Aufmerksamkeit herumzuschwenken, um die Welt um sich herum zu beleuchten. Wenn Sie das tun, aktivieren Sie Ihr InnSæi.
- ⋆ Nehmen Sie den beseelten, lebendigen Teil der Welt wahr und seien Sie darin präsent; nehmen Sie seine Schönheit in sich auf und spüren Sie, wie sie Sie mit Licht erfüllt.
- ⋆ Seien Sie wie Wasser – aktivieren Sie das *innere Meer,* und äußere Dinge werden sich Ihnen offenbaren.
- ⋆ Wenn das *innere Meer* in Raster gepresst wird oder erstarrt, hört es auf zu fließen. Bewahren Sie seinen Fluss.
- ⋆ Flow ist die tiefste Form der Aufmerksamkeit, zu der Menschen fähig sind. Üben Sie, ganz in einer herausfordernden, aber machbaren Aufgabe aufzugehen; üben Sie, Ihre Selbstbewusstheit, Ihren analytischen inneren Kritiker beiseitezuschieben. Ein Flow-Zustand macht uns glücklicher, kreativer und produktiver.
- ⋆ InnSæi verhilft uns zu wechselseitiger Befruchtung, dazu, das Gesamtbild zu sehen und die Dinge im Kontext zu betrachten.
- ⋆ Wie wir in der Welt navigieren, prägt unsere Stellung in der Welt und entscheidet darüber, was wir finden.

## KAPITEL 4

# Nach innen sehen

### Selbst-Bewusstheit hilft, sich Ihr InnSæi zu eigen zu machen

Unsere Aufmerksamkeit ist fundamental für unsere Fähigkeit, nach innen zu sehen und Zugang zu unserem InnSæi zu erlangen. Zugleich ist Aufmerksamkeit allerdings eine unglaublich knappe Ressource. Das liegt zum Teil daran, dass wir nur einen Bruchteil all der Informationen, denen wir tagtäglich in jedem Moment begegnen, bewusst wahrnehmen können. Es liegt aber auch daran, dass externe Marktkräfte ständig um unsere begrenzte Aufmerksamkeit wetteifern und versuchen, so viel wie möglich davon in Beschlag zu nehmen. Der Umgang damit kann eine ziemliche Herausforderung sein – nicht zuletzt, weil uns die meiste Zeit gar nicht wirklich bewusst ist, was da abläuft.

Wie wir mit unserer Aufmerksamkeit umgehen und worauf wir sie richten, entscheidet darüber, wie wir die Welt erfahren, wie wir uns verhalten und welche Möglichkeiten wir uns vorstellen. Aufmerksamkeit ist das, was der Wirtschaftsnobelpreisträger des Jahres 1978, Herbert A. Simon, den «Flaschenhals des menschlichen Denkens» nannte. Er prägte den

Begriff «Aufmerksamkeitsökonomie» und bezog sich damit auf die Tatsache, dass unsere Aufmerksamkeit eine begrenzte Ressource darstellt, die auf einem Billionen-Dollar-Markt höchst gefragt ist.

## Ihr Denkraum ist ein lukrativer Markt

> [Wir sollten] darüber Bescheid wissen, was passiert, und uns zu einer Entscheidung [über neue Technologien] durchringen, ehe die Entwicklungen uns diese Entscheidung abnehmen.
>
> *Yuval Noah Harari,* Homo Deus *(Original 2015 erschienen)*

Die Aufmerksamkeitsökonomie ist rasant gewachsen und hängt vom Zugang zu unserem persönlichen Denkraum ab. Marktkräfte sind sich vollauf darüber im Klaren, dass wir unsere Aufmerksamkeit nur auf einen kleinen Bruchteil des Informationsflusses und der Unterhaltung richten können, die auf uns einströmen. Und der Informationsfluss hat sich in den letzten Jahrzehnten beschleunigt. Erst 1994 wurde das World Wide Web geboren, heute allgemein als das Internet bekannt, und inzwischen (Stand August 2023) haben die sozialen Medien rund 4,89 Milliarden Nutzer weltweit. Über drei Milliarden Menschen sind bei Facebook registriert, das sind mehr, als der verbreitetsten Weltreligion, dem Christentum, angehören. Laut Statista nutzen heute über fünf Milliarden Personen das Internet, das entspricht gut 64 Prozent der Weltbevölkerung.

Wir kaufen, verkaufen, kommunizieren, lernen, schließen Geschäfte ab und pflegen Kontakte zu Freunden und Verwandten über Online-Kanäle und Bildschirme. Wir nutzen diese auch, um uns ein Profil und sogar eine Identität aufzubauen. Unterhaltung, zufällige Videos und Bilder, die wir online sehen, können uns informieren und unsere Stimmung heben oder auch das Gegenteil bewirken. Irgendwo dazwischen sind die Stunden, die wir damit zubringen, Bilder und Videos durchzuscrollen und anzuschauen, die vielleicht überhaupt keinen Eindruck hinterlassen. Nach Stunden oder Tagen ohne irgendwelche Likes oder Herzchen unter unseren Beiträgen in den sozialen Medien ertappen wir uns vielleicht sogar dabei, erneut etwas zu posten, nur um Reaktionen zu bekommen – so, als müssten wir uns vergewissern, dass es uns noch gibt. Viele von uns sind süchtig nach ihrer Online-Präsenz, und das ist extrem vorteilhaft für die einnahmengenerierenden Strategien von Unternehmen, die um unsere Aufmerksamkeit konkurrieren. Je mehr wir herumscrollen, umso höher ihre Einnahmen, ganz unabhängig vom Inhalt. In der Aufmerksamkeitsökonomie zählt jede Sekunde. Je länger eine Marke die Aufmerksamkeit der Kundschaft auf sich ziehen kann, umso besser ist es für ihren Profit. Mehr Aufmerksamkeit bedeutet mehr Umsatz.

Die Algorithmen hinter manchen dieser Technologien sind sogar ganz gezielt auf unsere Gefühle zugeschnitten, etwa auf Angst und Verwundbarkeit. Auf diese Weise wurden tatsächlich schon demokratische Wahlen beeinflusst und destruktive Verhaltensweisen oder gesundheitsschädliche Trends unter Teenagern, insbesondere Mädchen, ausgelöst. Eine US-amerikanische Studie über den Zeitraum von 2001 bis 2018 zeigt eine auffällige Korrelation zwischen der sich verschlechternden psychischen Gesundheit junger Frauen und Mädchen und der zunehmenden Nutzung sozialer Medien, insbesondere in den Jahren 2012 und 2013. Die Zunahme psychischer Probleme wird anhand der ansteigenden Fälle von Selbstvergiftung, Suizid, schweren depressiven Episoden und depressiven Symptomen gemessen.

- Denken Sie an zwei Dinge, die Sie jeden Morgen tun, ohne darüber nachzudenken. Tätigkeiten, die Sie auf Autopilot verrichten, wie etwa Zähne putzen, Socken anziehen oder zur Schule oder Arbeit gehen.
- Wenn Sie das nächste Mal morgens aufwachen, achten Sie sorgfältig darauf, wie Sie diese beiden Dinge tun.
- Beobachten Sie, was Sie beobachten, und schreiben Sie es in Ihr Tagebuch.

Oft, vielleicht sogar die meiste Zeit ist uns gar nicht bewusst, wie die Algorithmen der sozialen Medien uns steuern, uns mitunter in einen Kaninchenbau destruktiver oder polarisierender Gedanken locken. Statt unsere Aufmerksamkeit selbst zu regulieren, überlassen wir sie denen, die sie nach ihren Wünschen lenken. Wir sind immer leichter zu beeinflussen, und je nachdem, wozu jemand anders uns bringen will, scrollen wir mehr oder kaufen mehr. Dabei füttern wir unseren geistigen Apparat mit Dingen, die unseren Blick auf das Leben prägen.

## Fragmentierte Aufmerksamkeit

> Unsere Welt scheint aus Bruchstücken zu bestehen, und es fällt schwer zu erkennen, wie alles zusammenhängt. Das Verständnis dafür, was die Dinge bedeuten, ist verloren gegangen. Weisheit wurde durch Wissen ersetzt und Wissen durch Information, Einzeldaten, Datenblöcke.
>
> *Iain McGilchrist im Film* InnSæi

Es ist kein Wunder, dass die Welt fragmentiert erscheint. Es gibt diverse Studien und Spekulationen über die Frage, wie stark sich die menschliche Aufmerksamkeitsspanne im Zuge der rasanten technologischen Entwicklung und Informationsflut verändert und schrumpft. Die Zeit wird zeigen, wie sehr das langfristig unsere Gehirnleistung und intellektuelle Kapazität beeinträchtigen wird – immerhin sind wir geistig anpassungsfähig und entwickeln auch Mittel und Wege, Informationen zu verstehen, beispielsweise mithilfe künstlicher Intelligenz. Adam Hayes, Analyst und Autor bei Wyzowl, zitiert eine Studie, nach der Büroangestellte durchschnittlich alle zwei Minuten ihren E-Mail-Eingang überprüfen und mehr als 200-mal täglich auf ihr Smartphone schauen. Laut einem Forbes-Artikel sind manche Leute täglich 4000 bis 10 000 Werbeanzeigen ausgesetzt, und nach *Digital 2023: Global Overview Report* verbringen die Menschen weltweit durchschnittlich sechseinhalb Stunden online. In den sozialen Medien verbrachten wir im Jahr 2022 nach Angaben von Statista weltweit im Durchschnitt rund zwei Stunden und fünfzehn Minuten täglich.

**Eine einfache Technik, die Ihnen hilft, Ihre Energie zu erhalten und Ihren Fokus zu schärfen**

- Unsere Konzentrationsfähigkeit nimmt ab, wenn wir unterbrochen werden. Stellen Sie sich deshalb alle 20 oder 30 Minuten einen Wecker, um in der Zeit dazwischen ganz auf eine Sache fokussiert zu bleiben. Die Zeitspanne kann auch länger oder kürzer sein. Die Hauptsache ist, dass Sie sich antrainieren, sich auf eine einzige Sache zu konzentrieren, sich also darin üben, Daueraufmerksamkeit aufrechtzuerhalten. Das bewirkt, dass Sie sich der Sache intensiver widmen und Ihren Fokus verbessern.
- Es kann sich dabei um jede beliebige Tätigkeit handeln – Hausputz, die Beschäftigung mit Ihren Kindern, Freunden oder Familie, E-Mails schreiben oder beantworten, einen Text für einen Bericht oder eine Website, einen Brief an einen Freund, ein Buch oder einen Aufsatz verfassen. Was immer es ist – wenn der

Wecker klingelt, nehmen Sie sich fünf Minuten oder mehr Zeit, bevor Sie sich wieder Ihrer Tätigkeit zuwenden. Nutzen Sie diese Minuten, um auf Ihrem Smartphone zu scrollen, falls Sie das Bedürfnis haben, oder um etwas zu essen oder zu trinken, einen Freund anzurufen – wonach auch immer Ihnen gerade ist.

- Fassen Sie den Entschluss, maximal sieben Minuten täglich in sozialen Medien zu verbringen.

Für unser Gehirn und unsere Sinne sind all diese Informationen eine erhebliche Herausforderung. In dem Podcast «Attention Deficit Crisis» (zu Deutsch Aufmerksamkeitsdefizit-Krise) auf der Website *Chasing Consciousness* präsentieren der Moderator und sein Gast Johann Hari, der Autor von *Abgelenkt*, einige höchst interessante Erkenntnisse. Johann erklärt unter Berufung auf Professor Earl Miller, einen Neurowissenschaftler am Massachusetts Institute of Technology (MIT), dass der durchschnittliche Teenager in den USA heute glaubt, sechs oder sieben verschiedenenen Medienformen gleichzeitig folgen zu können. In Wirklichkeit sind wir jedoch nur in der Lage, an ein oder zwei Dinge gleichzeitig zu denken. Wenn wir vieles auf einmal jonglieren, machen wir alles weniger gut, uns unterlaufen mehr Fehler, und wir sind weniger kreativ.

Eine andere Studie hat ergeben, dass die Intelligenz von Menschen, die laufend von E-Mails oder Telefonanrufen unterbrochen werden, doppelt so stark gemindert ist, als wenn sie bekifft wären. Johann berichtet in dem Podcast von dieser Studie und zitiert dazu Professor Earl Miller, der gesagt hat, wir erlebten deshalb heutzutage «einen wahren Sturm kognitiven Verfalls».

Abseits der Informationsüberflutung, Ablenkung und diversen Anforderungen, die unsere Aufmerksamkeit schwächen und fragmentieren, zeigen Studien auch, dass chemische Umwelteinflüsse unterschiedliche neurologische Entwicklungsstörungen oder eine Minderung des IQ hervorrufen können. Darum wurde Blei in Farben und Benzin verboten, und es wird weiter darüber geforscht, wie Umweltverschmutzung unser Wohlbefinden beeinträchtigt. Professor Barbara Demeneix, Autorin von *Losing Our Minds* (2014), hat einige Schlüsselfaktoren untersucht, die zu Aufmerksamkeitsstörungen führen können, und ist Expertin für die Auswirkungen chemischer Umwelteinflüsse. Sie hat gegenüber Johann unverblümt gesagt: «Es ist unmöglich, heutzutage ein normales Gehirn zu haben.» (Siehe Quellen)

Wir sollten immer im Hinterkopf behalten, dass nicht alle Studien zu unserer Fähigkeit, Informationen wahrzunehmen und zu verarbeiten, von Forschenden stammen, die sich für die menschliche Intelligenz interessieren. Viele wurden auch von Marketingleuten durchgeführt, die nach Möglichkeiten suchen, so viel wie möglich von unserer Aufmerksamkeit einzufangen, damit wir noch mehr Stunden online verbringen und ihre Umsätze steigern.

## Siehst du mich? Siehst du dich selbst?

Wenn wir Zeit im direkten persönlichen Kontakt mit anderen Menschen verbringen, zählen unsere Präsenz und Aufmerksamkeit zu den größten Geschenken, die wir einander machen können, und sie tragen dazu bei, unsere Beziehungen zu stärken. Im Gegensatz dazu kann Technologie uns voneinander entfremden und uns vor unserem Bildschirm vereinsamen lassen. Wir sehen die Konsequenzen, und sie wurden auch in einer wachsenden Zahl von Studien dokumentiert. Diese zeigen, dass Kinder umso schlechter in der Lage sind, Beziehungen zu anderen aufzubauen, je weniger Blickkontakt sie mit ihren Eltern haben. Die Fähigkeit zu Empathie nimmt ab, und 2018 zeigte eine Studie, dass Aufmerksamkeitsdefizit-Störungen bei Kindern und Heranwachsenden in den USA in den letzten drei Jahrzehnten zugenommen haben. Wenn wir nicht bewusst mit unserer Aufmerksamkeit umgehen, tauchen wir unversehens in Content ein, der keine Grenzen respektiert, wo es etwa um Falschmeldungen, Gewalt, Polarisierung oder das Alter der Konsumierenden geht.

In der heutigen Welt sind wir großen Belastungen ausgesetzt, aus Gründen, die wir nicht vollständig verstehen. Viele Studien zeigen, dass Einsamkeit und Isolation uns psychisch und physisch krank machen. Zudem stehen wir unter starkem Druck, teils von außen, teils aus uns selbst heraus. Laut der Weltgesundheitsorganisation zählten Depressionen global zu den häufigsten Ursachen für Arbeitsunfähigkeit und Krankheit, und Menschen in aller Welt leiden zunehmend an Überforderung. Regionale, nationale und arbeitsplatzbezogene Studien zeigen, dass die Mehrheit der untersuchten Personen im derzeitigen Job bereits Burn-out und erhöhte Stresslevel erlebt hat. Manchmal empfindet die jüngere Generation (die Alterskohorte von 18 bis 24 Jahren) den Druck am stärksten.

Burn-out ist ein Zustand emotionaler, physischer und geistiger Erschöpfung, verursacht durch übermäßigen und anhaltenden Stress. Er tritt auf, wenn man sich überfordert, emotional ausgelaugt, nicht gewürdigt und unfähig fühlt, den ständigen Anforderungen zu genügen. Burn-out ist ein allmählicher Prozess; er passiert nicht über Nacht, und je aufmerksamer Sie Ihre körperliche und psychische Verfassung wahrnehmen, umso deutlicher können Sie die Anzeichen und Symptome frühzeitig erkennen, sodass Sie die Möglichkeit haben, aktiv für sich zu sorgen. Sich selbst zu kennen und regelmäßig auf Ihr InnSæi und die Energie-Akkus Ihres Körpers zu achten, versetzt Sie in die Lage, die Verantwortung für Ihre Gesundheit übernehmen zu können.

Wichtig ist auch, dass Sie sich im Berufsleben im Einklang mit Ihrem InnSæi und Ihren persönlichen Werten fühlen. Das bestätigt eine jüngere Studie zu «Conscious Quitting». Sie wurde mit 4000 Arbeitnehmern in den USA und Großbritannien durchgeführt und zeigt, dass die meisten von ihnen für ein Unternehmen tätig sein wollen, das etwas Positives auf der Welt bewirkt. Die Studie hat auch ergeben, dass ein Drittel dieser Angestellten gekündigt hat, weil ihre Werte nicht mit denen des Unternehmens vereinbar waren, für das sie arbeiteten.

Zu viel Stress und Anspannung über zu lange Zeit versetzt

unser Gehirn in den Kampf-oder-Flucht-Modus und bewirkt, dass sich unser geistiger Horizont zu einem «Tunnelblick» verengt. Das hemmt unsere Kreativität und vermindert unser Mitgefühl sowie unsere Fähigkeit, aufmerksam zuzuhören und uns intensiv zu konzentrieren.

**Atemübung**

- Wenn unser Gehirn im Kampf-oder-Flucht-Modus ist, sind wir gestresst und kurzatmig, wir entwickeln einen Tunnelblick, verlieren die Zusammenhänge aus den Augen, sind weniger (oder gar nicht mehr) kreativ und empfinden weniger Mitgefühl.
- Atmen schärft unsere Antenne, indem es unser Nervensystem reguliert und dieses das Gehirn anregt, offener, empfänglicher, mitfühlender und kreativer zu sein. Erinnern Sie sich selbst tagsüber immer wieder daran, ein paarmal tief durchzuatmen, sei es zu Hause, unterwegs oder auch in einer Besprechung.
- Atmen Sie durch die Nase ein und durch den Mund aus. Beginnen Sie, indem Sie beim Einatmen von eins bis drei zählen.
- Die Ausatmung sollte doppelt so lang sein. Sie können die Ausatmung verlängern, indem Sie den Luftstrom mit den Lippen bremsen und nur durch einen schmalen Spalt entweichen lassen.

- Nehmen Sie sich einen Moment, um zu spüren, wie Sie dadurch ruhiger werden.
- Wenn Sie in einer Situation das Gefühl haben, den Fokus oder die Kontrolle zu verlieren, probieren Sie, im Stillen Ihren Namen zu sagen, etwa so: «Hi (Ihr Name) ☺» Das erinnert Ihren Geist daran, im Körper zu bleiben, und es erinnert Sie daran, mit Ihrer Seele verbunden und im Augenblick zu bleiben.

## Zwei verschiedene Arten, die Welt wahrzunehmen

Wie wir in Kapitel 3 gesehen haben, waren die alten polynesischen Seefahrer in der Lage, fast den gesamten Pazifischen Ozean zu kartieren, indem sie sich auf das Meer und die umgebende Natur einstimmten, ganz darin eintauchten – eine Leistung, die bis heute ihresgleichen sucht. Man könnte vieles darüber sagen, wie wir in der heutigen Welt navigieren, aber um die Kontrolle über unsere eigene Aufmerksamkeit und unseren Fokus wiederzuerlangen, sollten wir uns auf die zwei grundlegenden Arten besinnen, wie wir die Welt wahrnehmen können. Wir haben diese zuvor schon kurz angesprochen.

Um unsere Geisteshaltung zu verändern und *von innen heraus zu sehen*, müssen wir unserem InnSæi das Ruder überlassen. Wie wir wissen, nehmen wir über unseren ganzen Körper Informationen auf, er erfasst Daten durch unsere Zellen, Sinne und elektromagnetischen Felder. Wir wissen auch, dass das Gehirn die zentrale Schaltstelle ist, in der unsere Körperfunktionen, Bewegungen, Geisteszustände und Handlungen verarbeitet, interpretiert und gesteuert werden.

Unsere beiden Gehirnhälften tun ähnliche Dinge, und wenn nötig, übernimmt oft eine die Funktion der anderen. Aber wie wir durch Iain McGilchrists Arbeit erfahren haben, gibt es Hinweise darauf, dass sie die Welt auf unterschiedliche Weise wahrnehmen. Dabei liegt der Unterschied, wie bereits erwähnt, nicht darin, *was* sie tun, sondern *wie* sie es tun. Es scheint, als ob wir die Herangehensweise der linken Gehirnhälfte – die rationale, analytische, logische und abstrakte Perspektive – allzu stark in den Vordergrund stellen. Das geht zulasten unserer Fähigkeit, das Potenzial unseres InnSæi und unserer rechten Gehirnhälfte voll zu entfalten.

Die rechte Gehirnhälfte ist auf vielfältige Weise die Heimat unseres InnSæi, denn sie sieht die Welt als zusammenhängend, ständig in Bewegung, beseelt, fließend und komplex und nichts als völlig vom anderen getrennt. «Diese Art Aufmerksamkeit baut eine Beziehung zwischen Ihnen und der Welt auf, zwischen den Dingen, die in dieser Welt sind. Sie sehen also ein Geflecht von Verbindungen, die sich ständig verändern», erklärte Iain. Die rechte Gehirnhälfte versteht das Implizite, nicht Verbalisierte, sie liest zwischen den Zeilen und erkennt Muster. Die linke Gehirnhälfte hingegen «richtet diese stark fokussierte, verengte Aufmerksamkeit auf etwas, das sie erreichen will. Für die linke Gehirnhälfte gibt es nur Fragmente, kleine Einzelteile, und sie sind isoliert und verbinden sich mit nichts anderem. Eine der Gehirnhälften sieht also das Gesamtbild und bewahrt die Kontinuität unserer Erfahrung, während die andere ein Ziel darin auswählt und sich darauf konzentriert. Wenn Sie nun diese Art Aufmerksamkeit auf die Welt anwenden, sehen Sie nichts als Ziele, Dinge, die es zu packen und zu erreichen gilt.» Die Art und Weise, wie die linke Gehirnhälfte die Welt wahrnimmt, ist abstrakt, statisch, unbeseelt, und laut Iain McGilchrist ist sie so von sich überzeugt, dass sie angefangen hat, allein das Ruder zu übernehmen. Die rechte Gehirnhälfte sieht die Welt als «etwas Lebendiges, das man letztendlich nie ganz erfassen und kennen kann, während die linke Gehirnhälfte glaubt, alles zu wissen – *gerade weil sie so sehr wenig weiß.*»

Iain erklärt, wir seien so von den engen, oberflächlichen und abstrakten Denkprozessen der linken Gehirnhälfte in Anspruch genommen, dass wir die Fähigkeit verlieren, das ganze, unerschöpfliche, wahrhaft wunderbare, schöpferische, lebendige Universum zu spüren. Selbst unsere Fähigkeit, ein tiefes Gefühl der Ehrfurcht zu empfinden, hat im vergangenen Jahrzehnt messbar abgenommen – ein Thema, das wir im nächsten Kapitel noch vertiefen werden. Dieses Ungleichgewicht führt dazu, dass wir die Welt als fragmentiert und in Raster gepresst wahrnehmen. Wir können InnSæi nicht als das sehen, was es ist, und seine Logik nicht verkörpern. Wir verlieren den Mut, ihm zu vertrauen und zu folgen, da es als irreführend und unwissenschaftlich gilt.

Zusammenfassend lässt sich sagen, dass die westliche Kultur sich seit Langem auf das Greifbare und Messbare stützt und auf unsere Fähigkeit, Wissen zu segmentieren. Das hat zu einer fragmentierten Weltsicht geführt. Dabei liegt die ganze, beseelte Welt, in der alles miteinander verbunden ist, direkt vor uns. Man sieht die Auswirkungen dieser Entwicklung auch im konventionellen Gesundheitssystem, wo die Zusammenhänge zwischen Körper, Geist und Seele oft unzureichend verstanden sind – der Körper wird als eine Ansammlung von Organen und anderen Einzelteilen gesehen statt als komplexes Ganzes, in dem alles zueinander in Beziehung steht. Mit unserem Bildungssystem verhält es sich ähnlich: Das Lernen wird in Fächer unterteilt, und unsere Fähigkeiten werden mit leicht vergleichbaren Methoden gemessen, wobei Analytik, Statistik und Rationalität im Vordergrund stehen, nicht aber divergentes Denken, Kreativität, InnSæi und Vorstellungskraft. Die Liste ließe sich fortsetzen.

Wir werden im nächsten Kapitel noch näher auf die zwei unterschiedlichen Arten eingehen, die Welt wahrzunehmen. Zunächst wollen wir uns weiter mit der Aufmerksamkeit beschäftigen. Unser Ziel ist, nach innen zu sehen, um das wunderbare innere Meer in uns zu erleben und es uns nutzbar zu machen.

## Zum Kern unseres Seins vordringen

Es erfordert Disziplin und bewusste Absicht, unsere innere Stimme zu hören und nach innen zu sehen. Der Philosoph Matthew Crawford, Autor von *Die Wiedergewinnung des*

*Wirklichen* (Original 2015 erschienen), spricht über den Wert der Stille und wie sie uns hilft, unsere Aufmerksamkeit zu steuern und uns zu eigen zu machen. Wie saubere Luft das Atmen möglich macht, so befähigt Stille uns, in Kontakt mit unserem Inneren zu treten und besseren Zugang zur sinnlichen Welt zu erlangen. In diesem Zusammenhang geht es bei Stille nicht nur um den Lärm und die Ablenkungen in unserer Umwelt; es geht auch um unsere Fähigkeit, innere Stimmen zum Schweigen zu bringen, falsche Vorurteile und Überzeugungen zu korrigieren und uns diverser Filter im Kopf zu entledigen, bis wir zum Kern unseres Seins vordringen und Zugang zu unserem inneren Kompass finden. Nur wenn wir an den Kern unseres Seins kommen, können wir uns authentisch ausdrücken.

Im Folgenden betrachten wir fünf verschiedene Methoden – oder Rituale, wenn Sie so wollen –, die uns helfen, nach innen zu sehen:

1. Täglich Tagebuch schreiben
2. Auf den Zufluss achten, um den Abfluss zu verbessern
3. Ein Aufmerksamkeitstagebuch führen
4. Sich Zeit für sich nehmen
5. Durch Erdung den eigenen Horizont erweitern

*1. Täglich Tagebuch schreiben*

Tagebuchschreiben ist eine wirksame Methode, Ihren Kopf freizumachen und sich selbst dabei zu beobachten, wie Sie sich entfalten. Beim Tagebuchschreiben geht es einfach darum, Ihre Gedanken, Gefühle und Ideen zu notieren, um sie sich bewusst zu machen und sie besser zu verstehen. Man sagt, wenn wir mit der Hand schreiben, prägen wir uns das Geschriebene gründlicher ein und erfassen es besser. Es ist eine großartige Möglichkeit, den Fluss Ihrer Seele zu unterstützen und Kreativität anzuregen. Nichts ist in Stein gemeißelt oder verharrt in dauerhaftem Stillstand – selbst wenn Sie zu einem Meeting gehen, ist das schon ein Akt der Kreativität. Es gibt kein Drehbuch. Alles ist dem Wandel unterworfen, und wir erschaffen ständig alles mit, von Gesprächen bis hin zu Handlungen, wenn wir durch den Tag und unser Leben gehen. Ganz gleich, in welchem Bereich Sie arbeiten, ob Sie Studentin, Künstler oder Rechtsanwältin sind, Lehrer oder Unternehmerin – Tagebuch zu führen, macht Ihre Feder spitzer und Ihre Stimme in der Welt klarer. Wenn Sie sich angespannt, gestresst oder überfordert fühlen, ist das Tagebuchschreiben eine großartige Möglichkeit, sich auszudrücken und problematische Gefühle herauszulassen. Außerdem ist Tagebuchschreiben eine wunderbare Art, kreative Ideen, Lösungen oder Erinnerungen, die Ihnen plötzlich in den Sinn kommen, zu jeder Tages- und Nachtzeit festzuhalten. Deshalb möchte ich Ihnen eindringlich ans Herz legen, immer und überall ein Tagebuch bei sich zu haben und es abends auf den Nachttisch zu legen für den Fall, dass Sie mitten in der Nacht aufwachen und eine Idee oder etwas aus einem Traum notieren möchten. Träume können uns wichtige Einblicke in unsere innere Verfassung gewähren, uns bewusst machen, wie wir über bestimmte Dinge eigentlich empfinden, oder sie können uns großartige Ideen oder lustige Geschichten vermitteln. Sie können sich auch auf Ihrem Handy Notizen machen oder Sprachaufnahmen speichern, allerdings würde ich Bildschirmnutzung direkt vor dem Einschlafen oder in der Nacht nicht empfehlen.

Zum Tagebuchschreiben ist immer der richtige Zeitpunkt, ganz gleich, ob es nur ein paar Minuten sind oder länger, ob morgens, mittags oder abends. Aber es ist wie bei allem anderen: Je mehr wir üben, umso effektiver wird auch das Tagebuchschreiben. Morgens, wenn unser Gehirn aus einem Theta-Zustand erwacht, ist es besonders offen und lernfähig, deshalb kann Tagebuchschreiben am Morgen eine sehr wirksame Gewohnheit sein. Es kann jedoch auch effektiv sein, es abends zu tun, um den Kopf frei zu bekommen und Gedanken loszulassen, indem wir sie zu Papier bringen. Wie Sie im letzten Kapitel dieses Buches lesen werden, kann Tagebuchschreiben am Ende des Tages auch dazu dienen zu würdigen, was Sie den Tag über gelernt und geleistet haben, Dinge festzuhalten, für die Sie dankbar sind oder die Sie irgendwie inspiriert haben. Wenn Sie tiefer in die Kunst des Tagebuchschreibens einsteigen wollen, um Ihre Kreativität zu steigern, möchte ich Ihnen Julia Camerons Klassiker und Bestseller *Der Weg des Künstlers* (Original 2002 erschienen) besonders ans Herz legen.

Wenn wir mit dem Tagebuchschreiben anfangen, beginnen wir häufig, die Stimmen in unserem Kopf bewusster wahrzunehmen. Ausgehend von der Welt des Schreibens, sprechen wir oft vom Editor oder Zensor, wenn wir uns auf die perfektionistische, überanalysierende oder übertrieben logische Stimme beziehen, der missfällt, was wir schreiben oder denken. Beim Tagebuchschreiben ist es wichtig, bewusst zu entscheiden, dass diese Stimme aus unserem Kopf verschwinden muss. Manchmal hilft es, spielerisch mit ihr umzugehen, die Stimme höflich zum Gehen aufzufordern und ihr mitzuteilen, sie werde momentan nicht gebraucht. Auch andere Stimmen werden sich melden, und es ist wichtig, sie zu erkennen, um unsere eigene zu finden. Wir alle haben Erzählungen im Kopf, basierend auf alten Überzeugungen und Annahmen. Manche dieser Überzeugungen und Annahmen stammen vielleicht von nahestehenden Menschen, oder wir glauben sogar, ein nahestehender Mensch würde jetzt dies oder jenes sagen, aber in Wirklichkeit wissen wir es nicht. Wenn das Gehirn aufgrund alter Denkmodelle künftige Entwicklungen vorhersagt, gerät es in eine Verstärkerschleife. Unsere Aufgabe ist es, ein Loch in unser Denkmodell zu reißen, durch das wir aus unseren Denk- und Handlungsgewohnheiten heraustreten können, um Raum für neue Visionen und Ideen zu schaffen. Tagebuchschreiben kann ein wichtiger Schritt sein, um Iains rechte Gehirnhälfte und Julia Camerons Künstlergehirn zu öffnen.

Schreiben Sie wenigstens zwei Wochen lang täglich in Ihr Tagebuch; noch besser wäre, wenn Sie es auf zwölf Wochen bringen. Lassen Sie die Gedanken und Worte aus Ihrem Geist fließen, ohne zu urteilen oder zu editieren. Jede Minute zählt, fangen Sie einfach an. Und wenn Sie einmal einen Tag ausgesetzt haben, machen Sie am nächsten Tag einfach weiter. Lassen Sie alles heraus, niemand wird Ihr Tagebuch zu sehen bekommen, es ist nur für Sie.

Beobachten Sie Ihre Ängste, Ihre innersten negativen

Überzeugungen und die Stimmen in Ihrem Kopf, die Dinge sagen wie «Ich werde meine Eltern oder meinen Partner enttäuschen, ich kann das hier nicht gut, das hat bestimmt schon jemand vor mir gemacht, ich werde nie genug Geld haben, ich bin dafür nicht qualifiziert» und so weiter.

Üben Sie sich in geistiger Offenheit. Urteilen Sie nicht über die Gedanken, die Ihnen im Kopf herumschwirren – weder über die negativen, destruktiven noch über die großen, kühnen. Wenn Sie zu sich selbst nicht aufrichtig sein können, bei wem können Sie es dann?

Lassen Sie Ihre innere Stimme der Eifersucht zu. Sie ist ein großartiger Indikator dafür, was Sie eigentlich wollen und wovon Sie wissen, dass Sie es können. Sie denken vielleicht: «Das hätte ich auch gekonnt», wenn Sie hören, was jemand anders geleistet hat; Ihr Magen krampft sich vielleicht zusammen, oder Sie sind verärgert. Wenn Sie anfangen, mehr von dem zu tun, was Sie eigentlich gern würden, aber noch nie zu versuchen gewagt haben, dann werden Sie weniger eifersüchtig. An die Stelle des leicht bitteren «Das hätte ich auch gekonnt» tritt dann ein wärmeres, großzügiges «Das hat diese Person gut gemacht! Ich weiß, wie viel Arbeit und Mut es erfordert, so etwas zu tun.»

Wir können uns nur erlauben, verwundbar zu sein und unserer kreativen Stimme freien Lauf zu lassen, wenn wir uns vor uns selbst sicher fühlen. Und sicher können wir uns nur fühlen, wenn wir wirklich annehmen, wer wir sind, mit all unseren Fehlern und Unzulänglichkeiten. Wenn Freundinnen, ein Beziehungspartner, Angehörige oder eine Kollegin Anzeichen für Ihre Fortschritte bemerken und dazu negative Bemerkungen machen (so etwas wie «Das sieht dir doch gar nicht ähnlich» oder «Wie kommst du darauf, dass du das könntest?»), seien Sie gewiss, solche Bemerkungen haben nichts mit Ihnen zu tun, sondern mit der Person, die diese Bemerkung macht. Ihr Mut, Ihr Verhalten oder Ihre Ansichten stellen vielleicht infrage, wo diese Person sich selbst sieht und welche Beschränkungen sie sich auferlegt. Denken Sie auch daran, dass andere nahestehende Menschen wahrscheinlich die Veränderungen an Ihnen freudig begrüßen und das, was sie sehen, positiv kommentieren werden. Wenn das geschieht, vergessen Sie nicht, «Danke» zu sagen und stolz auf Ihre Fortschritte zu sein.

Beobachten Sie sich selbst dabei, wie Sie sich entfalten, wenn Sie regelmäßig Tagebuch schreiben. Es wird Ihnen helfen zu entscheiden, wo es sich lohnt dranzubleiben und wo nicht, welche Gedanken hilfreich sind und welche nicht. Wenn es in Ihrem nahen persönlichen Umfeld – in der Familie, am Arbeitsplatz oder im Freundeskreis – Menschen gibt, die negative Energie in Ihnen erzeugen, müssen Sie sich vielleicht für einige Zeit von ihnen distanzieren, und Sie können eine Möglichkeit finden, das freundlich zu vermitteln. Es mag schwerfallen, aber Sie müssen die Verantwortung für Ihre eigene Energie, Ihre Grenzen und Ihre Zeit übernehmen. Das erfordert ständige Übung.

Ihre Gedanken niederzuschreiben, sie aufs Papier fließen zu lassen, wird Ihnen helfen, sich selbst besser kennenzulernen und zu verstehen, wie Ihre Stimmung Ihren Blick auf das Leben positiv oder negativ beeinflussen kann, welche Menschen Sie unterstützen oder inspirieren und welche nicht.

Durch das Tagebuchschreiben können Sie wiederkehrende Ängste, Träume und Ideen erkennen und sie loslassen oder festhalten. Je besser Sie sich selbst kennenlernen, umso mehr kommen Sie in Einklang. Je mehr Sie im Einklang mit Ihrer wahren inneren Stimme sind, umso mehr vertrauen Sie auf Ihre Erfahrungen und umso präsenter werden Sie. Und je präsenter Sie werden, umso besser können Sie bewusst die Verantwortung für Ihre eigene innere Haltung, Ihr Handeln und Ihre Reaktionen übernehmen.

Denken Sie immer daran, gut mit sich umzugehen, denn in unserer Seele und unserem wahren Selbst liegen unsere größten Stärken und Verletzlichkeiten. Diese beiden scheinbar gegensätzlichen Pole bestätigen sich in Wahrheit gegenseitig. Jemand hat einmal zu mir gesagt, in unseren tiefsten Gefühlen sind wir immer so verwundbar wie Kinder, und deshalb müssen wir, die Erwachsenen, das Kind in uns beschützen, lieben und ehren. Dieser Rat kam zu einer Zeit, als ich eher dazu neigte, mich selbst zu sabotieren und mir gegen meine Verwundbarkeit eine harte Schale zuzulegen. Mich auf diesen Ansatz einzulassen, hat mich zu einem anderen Menschen gemacht. Es erfordert Mut, man selbst zu sein, also achten Sie darauf, sich die liebevolle Unterstützung zu gönnen, die Sie sich selbst als Kind entgegenbringen würden. Je mehr Sie lernen, sich selbst zu lieben und zu würdigen, umso weniger können andere Ihnen den Boden unter den Füßen wegziehen. Sie fühlen sich sicherer und besser geerdet.

*2. Auf den Zufluss achten, um den Abfluss zu verbessern*
Dieses Ritual hilft uns, bewusst unsere geistigen und seelischen Reserven zu erneuern, indem wir das, was auf uns einströmt, filtern, etwa Nachrichten, soziale Medien und toxische Kommunikation.

Manche Leute halten es quasi für eine Todsünde, einen Tag lang keine Nachrichten zu empfangen, oder befürchten zumindest, es könnte sie im Gespräch mit anderen in Verlegenheit bringen, wenn sie nicht auf dem Laufenden sind. Ich kenne das aus eigener Erfahrung, schließlich habe ich als Journalistin gearbeitet und über globale Entwicklung und Politik geschrieben. Über das aktuelle Geschehen gut informiert zu sein, war Teil meiner Identität. Entsprechend habe ich mich gegen die Vorstellung gesträubt, keinerlei Nachrichten zu konsumieren. Doch dann habe ich es ausprobiert und die positiven Wirkungen erlebt, und deshalb möchte ich es Ihnen sehr empfehlen. Ich habe mehr Raum in meinem Kopf und Körper geschaffen, fühlte mich ruhiger und beobachtete, dass mein Horizont sich erweitert hatte. Außerdem bemerkte ich Dinge, die ich früher nicht wahrgenommen hatte. Dasselbe gilt auch für das Scrollen in den sozialen Medien – nehmen Sie sich eine Auszeit und erleben Sie, was Sie dadurch gewinnen.

Nach der Rezession von 2008 habe ich ein akademisches Programm namens Prisma entwickelt und geleitet. Es handelte sich um ein zweimonatiges fächerübergreifendes Modul, das darauf abzielte, Studierende in kreativem und kritischem Denken zu schulen und ihr InnSæi in Zeiten der Unsicherheit zu stärken. Die Teilnehmenden waren zwischen

19 und 67 Jahre alt, manche frisch immatrikuliert, andere bereits promoviert und mit unterschiedlicher Berufserfahrung. Die meisten hatten bei dem, was wir in Island den «Bankenkollaps» nannten, ihren Job verloren und empfanden eine tiefe Verunsicherung etwa hinsichtlich ihrer Stellung in der Gesellschaft oder der Frage, wie sie ihre Rechnungen bezahlen sollten und was die Zukunft bringen würde. Wir boten den Studierenden ein vielfältiges Programm aus inspirierenden Vorträgen und Kursen, die von einigen herausragenden Persönlichkeiten Islands, Kunstschaffenden, Akademikern und führenden Köpfen aus der Wirtschaft geleitet wurden. Wir konnten sogar die ehemalige Präsidentin von Island dafür gewinnen, mit uns darüber zu sprechen, was es heißt, ein Weltbürger zu sein.

Während des gesamten Moduls legten wir Wert darauf, dass die Studierenden möglichst wenig Nachrichten konsumierten, denn die Nachrichtenmedien vermittelten überwiegend negative Energie, ein politisch aufgeladenes und oft feindseliges Narrativ und einen monolithischen Informationsfluss, der den geistigen Horizont verengte, statt ihn für Möglichkeiten und vielfältige Zukunftsperspektiven zu öffnen. Im Rahmen von Prisma bemühten wir uns, den Geist der Studierenden mit neuen Ideen und frischen Sinneseindrücken anzuregen, und achteten zugleich darauf, dass sie gut für sich selbst sorgten. Dazu gaben wir ihnen Übungen und Methoden an die Hand, von denen einige in diesem Kapitel vorgestellt werden.

Bewusst zu filtern und auszuwählen, welche Reize und Informationen wir an uns heranlassen, verschafft uns die Möglichkeit, mit InnSæi in Einklang zu kommen, Blockaden zu lösen und unsere Energie zu erneuern. Wir werden interessierter und im Gegenzug auch interessanter für andere.

*3. Ein Aufmerksamkeitstagebuch führen*

Iain McGilchrist hat einmal gesagt, die Art und Weise, wie wir die Welt wahrnehmen, sei ein moralischer Akt. Das liegt daran, dass die Art, wie wir der Welt unsere Aufmerksamkeit entgegenbringen, einerseits die Welt verändert, die wir erleben – die einzige Welt, die wir kennen können –, und andererseits auch uns selbst. Wenn wir die Welt wahrnehmen, ist das kein passiver Vorgang, sondern es geschieht in einer Wechselbeziehung. Iain empfiehlt Übungen, die eine aktive, offene Empfänglichkeit gegenüber der Welt fördern. Wenn wir ein Aufmerksamkeitstagebuch führen, lassen wir die Welt vor uns erstehen, statt sie «mit unseren vorgefassten Meinungen, selbstgerechtem Zorn und schnellen Urteilen zu vertreiben», wie Iain es in unserem Gespräch für dieses Buch ausgedrückt hat. Ich sehe es genauso. Mit unserer Aufmerksamkeit eröffnen wir eine Welt, die entweder lebendig oder tot ist, eine Welt, wo alles entweder miteinander verbunden und beseelt ist oder unbeseelt und fragmentiert. Wie wir die Welt wahrnehmen, wirkt auf uns und die Energie, die wir aus unserem Inneren nach außen abgeben.

Das wirksamste kreative Werkzeug, das ich kenne, ist: «Achte darauf, worauf du achtest, und dokumentiere es.» Mein Freund, der inzwischen verstorbene Künstler und Schriftsteller Thorvaldur Thorsteinsson, hat mir dieses Werkzeug zu Beginn dieses Jahrhunderts in die Hand gegeben. Es ist ein Geschenk, das noch immer seine segensreiche Wirkung entfaltet und bei allen, die es praktizieren, von innen heraus Welleneffekte erzeugt. Darauf zu achten, worauf wir achten, ist eine wirksame Art, uns selbst zu beobachten und nach innen zu sehen. Zu dokumentieren, wie wir unsere Aufmerksamkeit einsetzen, wirkt ebenso wie Tagebuchschreiben transformativ. Es lässt die Welt zu uns kommen und befähigt uns zu erkennen, wie sie in uns in Erscheinung tritt.

Bei einem Aufmerksamkeitstagebuch geht es darum festzuhalten, was unsere Aufmerksamkeit uns liefert, wir aber die meiste Zeit nicht bewusst wahrnehmen. Wir lassen die Welt an uns herankommen und beobachten uns dabei selbst aus einigem Abstand. Wir werden offener für Unerwartetes, das, was sich am Rand unseres fokussierten Geistes abspielt und schwer in Worte zu fassen ist.

### Fangen Sie ein Aufmerksamkeitstagebuch an

- Tragen Sie ständig ein Tagebuch bei sich, zunächst für drei Wochen. Notieren Sie die Dinge, auf die Sie achten. Sie können dasselbe Buch benutzen, in dem Sie täglich Tagebuch führen.
- Denken Sie nicht zu viel darüber nach. Dokumentieren Sie einfach nur, was Sie im Laufe des Tages bemerken oder auch nachts in Ihren Träumen.

- Beurteilen Sie nicht, was Ihre Aufmerksamkeit erfasst. Es steht Ihnen nicht zu, darüber zu urteilen. Nehmen Sie es einfach nur zur Kenntnis.
- Ein Aufmerksamkeitstagebuch ist nicht wie ein normales Tagebuch, in das Sie schreiben, was Sie gefrühstückt haben oder wie das Wetter am Morgen ist. Sie schreiben nur, was Ihre Aufmerksamkeit erfasst, vielleicht in Stichworten wie «unangenehmer Geruch», «Sie trägt diese Hosen, um ihre Figur zu kaschieren», «Die Schönheit hat mir den Atem verschlagen», «bunte Fahnen außen am Geschäft», «aufgeladene Spannung zwischen zwei Leuten an der Kasse», «herzliches Lächeln und seine Reaktion», «Seine Energie war (einfügen)». Achten Sie darauf, wie Sie die Erscheinung anderer Menschen wahrnehmen, ihre Stimme, Energie oder Körperhaltung; es geht bei dieser Beobachtung um Sie, nicht um die Leute.
- InnSæi ist verkörpert. Beobachten Sie, wie Sie mit Ihrem ganzen Körper und all Ihren Sinnen wahrnehmen, und notieren Sie, was Sie beobachten.

Kreativität blüht auf, wenn man sich ins Unbekannte vorwagt. Wenn wir genau wissen, was wir erreichen wollen und wie, sind wir auf dem Weg nicht kreativ. Bei Kreativität geht es in vielerlei Hinsicht darum, die Welt mit neuen Augen zu betrachten, unser InnSæi zu öffnen, das Vertraute fremd sein zu lassen und das Fremde vertraut. Wir wecken schlafende

Systeme, das Gewöhnliche wird interessant, es gewinnt einen Zauber, und wir fangen an, uns mehr damit zu beschäftigen.

**Wählen Sie zehn Wörter oder Sätze aus**

- Am Ende jeder Woche, in der Sie in Ihr Aufmerksamkeitstagebuch geschrieben haben, blättern Sie die Seiten noch einmal durch und unterstreichen oder markieren zehn zufällig ausgewählte Wörter oder Sätze.
- Jetzt schreiben Sie diese Punkte untereinander auf eine neue Seite.
- Nehmen Sie sich Zeit, diese Liste zu lesen, ohne zu urteilen, und denken Sie: Was sagen mir diese Wörter? Was steckt dahinter?
- Jedes Wort und jeder Inhalt ist da, weil Sie darauf geachtet haben. Lassen Sie zu, dass sich Muster, Formen, Narrative oder ein Gefühl abzeichnen. Vertrauen Sie auf den Prozess, geben Sie die Kontrolle auf, lassen Sie den Kontext entstehen.
- Dies ist Rohmaterial für Sinnstiftung oder künstlerisches Schreiben oder für die Entstehung von Ideen.

**Lernen Sie sich selbst besser kennen**

**Zur Selbstregulation und um sich besser kennenzulernen, lesen Sie Ihr Aufmerksamkeitstagebuch durch und markieren Sie die folgenden Elemente in unterschiedlichen Farben. Damit können Sie über einen Zeitraum von einer bis drei Wochen – wenn Sie möchten, auch länger – Ihre innere Landschaft kartieren.**

**Achten Sie auf:**

- toxische Beziehungen
- bereichernde Beziehungen
- wiederkehrende Gedanken oder Ideen
- Ihre eigenen Vorurteile
- Ihre Ängste und Beschränkungen
- was Ihnen an anderen Menschen, auf die Sie achten, auffällt
- Ihre eifersüchtigen Momente
- Muster oder wiederkehrende Themen, die sich vielleicht abzeichnen

**Wiederkehrende Ideen, Stimmen oder Muster können eine Quelle für neue Ideen, Geisteshaltungen oder Entscheidungen sein.**

*4. Sich Zeit für sich nehmen*

Sosehr Ihre Kollegen Sie auch ermutigen mögen, sich eine Auszeit zu nehmen, oder sosehr nahestehende Menschen

Sie lieben – früher oder später werden sie vielleicht doch fragen, ob Sie diese Zeit nicht nutzen könnten, um etwas für das Unternehmen zu tun, praktische Arbeiten rund ums Haus zu erledigen oder für die Familie da zu sein. Oder die anderen fangen an zu vergleichen, wie sie selbst ihre Zeit nutzen und wie Sie es tun. Denken Sie immer daran: Andere Menschen betrachten Sie normalerweise aus ihrer eigenen Perspektive. Wenn Sie sich Zeit für sich nehmen, sagen Sie deshalb einfach, Sie seien in einem Meeting, zu Besuch bei einer Freundin oder bei der Arbeit.

Unsere Tage sind so voll gepackt, dass es Disziplin erfordert, uns Raum zu schaffen, um nach innen zu sehen. Richten Sie sich Termine ein, sozusagen Dates mit sich selbst, und tun Sie zu diesen Zeiten wirklich etwas, das Seele, Körper und Geist nährt. Etwas, das Raum im Kopf schafft oder Stille erzeugt – den Zustand, in dem nichts auf Sie einströmt und keine Anforderungen an Sie gestellt werden. Tun Sie Dinge, die Sie inspirieren, wenn Sie Inspiration nötig haben, oder etwas, das Ihr Nervensystem beruhigt, wenn es sich überreizt anfühlt. Tun Sie etwas ohne konkretes Ziel, unternehmen Sie etwa einen Spaziergang in einem Wald oder Park, denn Bäume und die Farbe Grün wirken beruhigend auf unsere Nerven. Spüren Sie die Elemente um sich herum. Riechen Sie die Kiefern, fühlen Sie den Wind auf der Haut, am Körper, in Ihren Haaren. Hören Sie, wie die Vögel singen. Wenn Sie an der Küste sind, lauschen Sie dem beruhigenden Geräusch der Meeresbrandung, graben Sie mit den Zehen im Ufersand oder auch in der Erde, wo immer Sie sich gerade befinden.

Weite Horizonte und Landschaften öffnen unseren Geist,

Sauerstoff beruhigt uns, und frischer Wind wirkt anregend auf unsere Seele und aktiviert unsere Energie. Gehen Sie ins Freie und machen Sie ein paar Fotos von dem, was Sie sehen. Sie werden überrascht sein, was dabei herauskommt. Setzen Sie sich in ein Café und spinnen Sie im Kopf Geschichten über die Fremden, die Sie dort sehen. Oder bleiben Sie im Haus, ruhen Sie sich aus, nehmen ein Bad oder machen ein Puzzle.

Wenn Sie gern nach draußen gehen möchten, aber nicht die Möglichkeit haben, versuchen Sie, die Augen zu schließen und sich vorzustellen, Sie seien in der Natur. Sie könnten auch ein paar der praktischen Übungen ausprobieren, die an verschiedenen Stellen in diesem Buch beschrieben sind. Beobachten Sie, wie Ihre heimlichen Dates Sie mit sich selbst verbinden.

*5. Durch Erdung den eigenen Horizont erweitern*

Erdung ist eine wirksame Methode, mit InnSæi in Einklang zu kommen, unseren Organismus zu beruhigen und unseren Horizont zu erweitern. Stellen wir uns für einen Moment vor, wir seien einzelne Bäume, die in einem komplexen Netzwerk untereinander verbunden sind.

Bäume sind wunderbare Lebewesen, die einzeln aus dem Boden wachsen, aber unterirdisch Teile eines komplexen Ganzen sind. Bäume kommunizieren untereinander, befruchten sich gegenseitig und organisieren sich über ihr Wurzelsystem, das gewöhnlich unter der Erdoberfläche und somit nicht zu sehen ist. Sie haben so manche Gemeinsamkeiten mit unserem Unbewussten und mit den Dingen im

Leben, die nicht sichtbar sind. Zum Beispiel kann man sie mit unseren Gehirnwellen und Energiefeldern vergleichen, die sich gegenseitig befruchten und unsichtbare Welleneffekte auf andere haben.

Bäume in Regenwäldern tragen wesentlich dazu bei, die Wettersysteme der Erde zu stabilisieren, indem sie Regen erzeugen und Kohlendioxid in Sauerstoff umwandeln. Rund 70 Prozent des Kohlenstoffs, den sie durch Photosynthese binden, transportieren sie unter die Erde, wo ihre Wurzeln ihn speichern und gegen Nährstoffe eintauschen.

Pilze spielen ebenfalls eine wichtige Rolle dabei, Kohlenstoff in der Erde zu binden. Das Leben auf der Erde besteht im Wesentlichen aus den gleichen Stoffen wie die Sterne am Himmel. Das gilt auch für unser aller Mutter, das Myzel, das vor Urzeiten aus dem Meer stieg, um die Erde zu befruchten und den Boden für alles Leben auf dem Planeten zu bereiten. Wie in dem Dokumentarfilm *Fantastische Pilze* (2019) erklärt wird, sind Myzelien Netzwerke wurzelähnlicher Pilzfäden, deren Stammbaum sich vor rund 650 Millionen Jahren in Pilze und Tiere verzweigt hat.

Myzelien können Billionen kleinster Verästelungen haben und bilden ein Netzwerk, das man mit dem Internet vergleichen könnte. Myzelien haben mehr Stränge, als unser Gehirn Nervenbahnen hat, und sie funktionieren sehr ähnlich, durch Elektrolyte und elektrische Impulse.

Pilze sind die verbreitetste Spezies auf der Erde – sie sind buchstäblich überall. Bäume nutzen Myzelien als Kommunikationskanäle, um sich miteinander zu verbinden und sich gegenseitig zu nähren. Durch die sogenannte Mykorrhiza, ein Netzwerk aus Baumwurzeln und Pilzmyzel, sind Bäume in der Lage, Nährstoffe auszutauschen – wenn ein Baum Schwäche zeigt, wird ein Mutterbaum seine Mykorrhiza dazu nutzen, ihm zusätzliche Nährstoffe und Unterstützung zu schicken, wie Menschen einander tagtäglich irgendwo auf der Welt Liebe und Unterstützung schenken. Lebewesen wie Pilze und Myzelien sind intelligent. Sie reagieren auf ihre Umwelt, lösen Probleme, suchen nach Nahrung und verteidigen sich.

Der Stammbaum der Menschheit ist bei näherer Betrachtung ebenfalls ein unglaubliches Netzwerk des Lebens, das uns mehr verbindet, als wir früher annahmen. Wie Wade Davis es in seinem Buch *The Wayfinders* (2009) formuliert: «Jeder von uns ist ein Kapitel in der größten Geschichte, die je geschrieben wurde, einer Erzählung von Forschung und Entdeckung, die nicht nur in Mythen erinnert wird, sondern auch in unserem Blut kodiert ist.» Wir können Stammbäume erstellen und kartieren, wie sich die Menschen über die Jahrhunderte auf dem Planeten ausgebreitet haben, aber wir sind auch Teil eines unsichtbaren Netzes von Verbindungen. Diese erleben wir nicht nur durch unseren Körper, wenn wir einander nahe sind, sondern sie reichen auch durch die Generationen, sie stecken in gespeicherten Erinnerungen empfundener Augenblicke, verlorener und gefundener Hoffnungen und anderer Lebenserfahrungen, die unserer Spezies das Überleben ermöglicht haben.

Unsere Reaktionen auf soziale Reize können Veränderungen in Hunderten, manchmal Tausenden Genen bewirken und Welleneffekte auslösen, sowohl innerhalb unseres Gehirns und Körpers als auch über dessen Grenzen hinaus, wie etwa Thomas Verny in seinem Buch *The Embodied Mind* (2021) illustriert. Verny betont, dass die meisten Genetiker und Neurowissenschaftler all das noch vor zwanzig Jahren nicht geglaubt hätten. So schnell verändert und erweitert sich unser Wissen.

So entfernt unsere Verwandtschaft auch erscheinen mag, unsere Wurzeln auf der Erde kann man alle zur selben Gruppe von Individuen zurückverfolgen. Alle Menschen, die derzeit auf der Erde leben, tragen die Gene unserer gemeinsamen Vorfahren in sich, sagt Susanna Manrubia, eine theoretische Evolutionsbiologin am Spanish National Center for Biotechnology.

Als ich kürzlich in Deutschland das Neanderthal Museum besuchte, erfuhr ich, dass wir als Homo sapiens zum ersten Mal in der Geschichte die einzige menschliche Spezies auf der Erde sind und dass das ein evolutionärer Ausnahmefall ist. Statt als «Familienstammbaum» stellen wir uns unsere Evolution heute wie einen breiten Fluss vor, der sich verzweigen und neue Flüsse bilden kann, die später wieder zusammenfließen. Die menschliche Evolution ist ein schöpferischer Prozess und das Ergebnis von Anpassung und Zufall. Unsere gemeinsame Geschichte ist in unsere Knochen eingeschrieben, und wie es der Anthropologe Wade Davis in *The Wayfinders* (2009) so eindrücklich formulierte:

> Wir alle sind buchstäblich Brüder und Schwestern. Das größte Erbe der Menschheit, das intellektuelle und spirituelle Geflecht des Lebens, das den Planeten umspannt, ist die Gesamtheit all unserer Träume, Gedanken und Intuitionen, Mythen und Überzeugungen, Ideen und Inspiratio-

nen, die seit der Dämmerung des Bewusstseins durch die menschliche Vorstellungskraft hervorgebracht wurden.

### Erdungsübung

- Stehen Sie mit beiden Füßen auf dem Boden. Legen Sie die Hände in Brusthöhe zusammen, schließen Sie die Augen und würdigen Sie sich selbst und den Boden, auf dem Sie stehen.
- Strecken Sie Arme und Hände nach oben, als wollten Sie den Himmel erreichen. Stellen Sie sich vor, Sie seien ein Baum, der anmutig aus der Erde aufragt, mit Zweigen, Blättern und einer Krone.
- Spüren Sie in Ihre Fußsohlen und stellen Sie sich vor, dass daraus Wurzeln bis tief ins Innere von Mutter Erde wachsen. Visualisieren Sie Ihre Wurzeln unter der Erdoberfläche, wie sie sich mit den Wurzeln aller anderen verflechten und Teil eines untereinander verbundenen, intelligenten, wechselseitig unterstützenden menschlichen Wurzelsystems sind.
- Sehen Sie die Erdmitte als einen mächtigen Ball aus Energie, Feuer und Licht. Visualisieren Sie, wie Ihre Wurzeln sich mit dieser Mitte verbinden, und spüren Sie, wie sie daraus Energie und Nahrung ziehen.
- Beobachten Sie, wie Ihre Wurzeln diese Energie und Nahrung herauftransportieren, den ganzen Weg von

der Erdmitte bis in Ihre Fußsohlen und von dort in Ihren ganzen Körper. Sie haben einen festen Stand, Sie können den Stürmen des Lebens trotzen, weil die Erde Sie hält.

Wie würden das Erbe der Menschheit und die Welt aussehen, wenn wir alle bewusst und tief mit unserem InnSæi und durch es verbunden wären wie das Netz des Myzels durch die Jahrtausende? Wie würden wir uns selbst würdigen, wie anders würden wir mit anderen Lebewesen und dem Planeten Erde umgehen?

Zusammenfassend sei gesagt: InnSæi setzt die Kraft des Guten in Gemeinschaften frei, die von Kooperation, Flexibilität und gegenseitiger Unterstützung abhängig sind, ganz ähnlich wie in der Welt der Pflanzen, besonders bei Wurzeln, Bäumen, Myzelien und Pilzen. Die Evolution hängt zum Teil von gegenseitigem Nutzen und der Bereitschaft zu geben ab. Innerhalb von Ökosystemen gibt es Pflanzen, Insekten und andere Lebewesen, die einander auf unterschiedliche Weise unterstützen, in einem Prozess des Gebens und Nehmens. Pilze tragen dazu bei, dass abgestorbene Bäume wieder zu Erde werden, Bäume im Regenwald machen Platz, sodass andere Bäume das Sonnenlicht erreichen können. Wenn wir nach innen sehen und all dies im innersten Mark spüren, beginnen wir, es zu verstehen, zu verkörpern und wichtig zu nehmen. Wir verlagern den Schwerpunkt in unser Inneres und bringen die Welt in uns mit der Welt um uns herum in ein Gleichgewicht. Das befähigt uns, in Einklang mit der wechselseitigen Verbundenheit allen Seins zu kommen. Wir sind Teile desselben Ökosystems, und es ist nicht klar, wo Sie zu Ende sind und ich anfange. Wenn wir die Welt als fragmentiert erfahren, dann liegt es daran, dass wir unser natürliches Gefühl der Verbundenheit verloren haben. Wir empfinden uns nicht mehr als integralen Teil der Welt, in der wir leben. Wir sind ein Bruchstück in einem Haufen Bruchstücke; und wir verlieren unser Gefühl der Zugehörigkeit, der Bestimmung und der Verwandtschaft mit anderen lebenden Wesen.

*Die wichtigsten Schlüssel zu InnSæi aus diesem Kapitel*

- ★ Ihre Aufmerksamkeit ist eine knappe Ressource und in der heutigen Wirtschaft höchst gefragt.
- ★ Aufmerksamkeit ist der Schlüssel dazu, nach innen zu sehen und uns mit unserem InnSæi zu verbinden.
- ★ Wie wir mit unserer Aufmerksamkeit umgehen, wirkt sich entscheidend darauf aus, wie wir uns verhalten und welche Möglichkeiten wir uns vorstellen.
- ★ Nach innen sehen zu können, erfordert Disziplin und Absicht.
- ★ Anhaltende Aufmerksamkeit vertieft unser InnSæi; verkürzte Aufmerksamkeit mindert die menschliche Intelligenz.
- ★ Aus evolutionären Gründen nehmen wir die Welt auf zwei verschiedene Arten wahr. Wir können die Welt als ganze betrachten, den Zusammenhang der Dinge und wie sie

miteinander verbunden sind, und zugleich kategorisieren und manipulieren wir Informationen, um zu überleben und zu planen.

* Bauen Sie die folgenden fünf Rituale in Ihren Alltag ein, um besser *nach innen sehen* zu können:
* Schreiben Sie regelmäßig Tagebuch in Form eines Bewusstseinsstroms, ohne dabei zu urteilen. Das hilft Ihnen, den Zugang zu Ihrem InnSæi freizumachen.
* Nehmen Sie sich eine Auszeit von Nachrichtenmedien, toxischen Beziehungen, sozialen Einflüssen und ablenkenden Informationen. Sie müssen Ihren Speicher erst leeren, um ihn neu füllen zu können. Das hilft Ihnen, Blockaden zu lösen und Ihre Energie zu erneuern. Filtern Sie den Zufluss, um den Abfluss zu verbessern.
* Achten Sie darauf, worauf Sie achten, und halten Sie es in Ihrem Tagebuch fest. Das weckt und schärft Ihre Sinne und ermöglicht Ihnen, mit Ihrem InnSæi in Einklang zu kommen, steigert Ihre Kreativität und verhilft Ihnen zu Selbsterkenntnis.
* Planen Sie wenigstens einmal wöchentlich ein geheimes Date mit sich selbst ein.
* Erweitern Sie Ihren Horizont durch Erdung. Beobachten Sie, wie Sie sich von innen heraus entfalten, und spüren Sie, wie alles Leben miteinander verbunden ist.

KAPITEL 5

# Von innen heraus sehen

## Nach Ihrem InnSæi navigieren

Der Navigator muss einen endlosen Strom von Daten, intuitiven Wahrnehmungen und Erkenntnissen verarbeiten, die sich aus Beobachtung und den dynamischen Rhythmen und Wechselwirkungen von Wind, Wellen, Wolken, Sternen, Sonne, Mond, dem Vogelflug, einem Kelpwald oder dem phosphoreszierenden Leuchten auf einem flachen Riff ergeben – kurz, aus der sich ständig verändernden Welt des Wetters und des Meeres …

*Wade Davis, aus* The Wayfinders *(2009)*

### Zwei Rhythmen und ein starker innerer Kompass

Der menschliche Geist hat ein eigenes Kreislaufsystem, um sich zu regenerieren, zu erneuern und zu entwickeln. Wir wissen, dass InnSæi verkörpert ist und seine eigenen rhythmisch wechselnden Gezeiten hat; und je besser wir uns diese nutzbar machen, umso kreativer, intelligenter und geerdeter können wir werden. Stellen Sie sich vor, dass wir im Wechselspiel zweier unterschiedlicher Rhythmen funktionieren, die wir in ein Gleichgewicht zu bringen versuchen. Ein Rhythmus schließt Kreativität, sinnliche Wahrnehmung, Symbole und Gefühle ein. Das ist der Teil, der tief durchatmet, empfänglich ist und reflektiert. Er versetzt uns in die Lage, uns präsent zu fühlen und wahrzunehmen, was wir wahrnehmen; er weiß, wann wir die Kontrolle aufgeben und auf den Prozess vertrauen müssen. Es ist der Rhythmus des Subjektiven, Erfahrenen und Erspürten. Er macht uns offen für die beseelte Welt und ermöglicht, dass wir von ihr inspiriert werden. In diesem Rhythmus sind wir im Herzen Künstler und Entdecker.

Der andere Rhythmus ist der des Rationalen, Bewussten, Unbeseelten und des analytischen Denkens. Auf ihn verlassen wir uns, wenn es gilt, Berechnungen anzustellen, Häuser zu bauen, zu organisieren, Werkzeuge zu entwickeln oder uns für ein Unwetter zu rüsten. Er befähigt uns, zu quantifizieren und zu messen. Für sich genommen hat er nichts Neues zu sagen; er baut auf dem auf, was wir bereits wissen und messen können. Er kann ohne Weiteres mechanisch und fragmentiert sein und ohne Bezug zum Rest der Welt agieren. Dieser Rhythmus ist ein Mittel zum Zweck, kein Selbstzweck. Kurz gesagt, er hilft uns, Dinge zu bewältigen, aber in ihm gibt es wenig Raum für Ungewissheit, Vorstellungskraft, Innovation oder Veränderung.

Für viele Menschen erfordert es eine Menge Selbstdisziplin, die Kontrolle aufzugeben, achtsam und im Augenblick zu sein. Bei anderen Menschen ist es umgekehrt – es kann auch eine Menge Disziplin erfordern, Ideen und Entscheidungen weiterzuverfolgen, zu planen und zu beschließen. Wahrscheinlich folgt jeder von uns einer Kombination aus beidem. «Zwei Rhythmen und ein starker innerer Kompass» bezeichnet metaphorisch gesprochen ein Navigationsgerät, das uns helfen soll, uns in dem komplexen Universum in uns und um uns herum zurechtzufinden. Je mehr wir diese beiden Rhythmen vertiefen und in ein Gleichgewicht bringen, umso stärker sind unser InnSæi und unser innerer Kompass.

Unser Geist ist darauf ausgerichtet, dem Rhythmus des Rationalen, Quantifizierbaren, starr Strukturierten und des analytischen Denkens größere Bedeutung beizumessen und uns stärker auf ihn zu verlassen, zulasten des Kreativen, Beseelten, Verbundenen und Intuitiven. Uns wird weisgemacht, verinnerlichte Erfahrung und bewusste Wahrnehmung seien weniger zuverlässig oder wichtig als der quantifizierbare Bereich der Mathematik oder Naturwissenschaft. Wie meine Tochter Rán es als 15-jährige Schülerin formulierte: «Wenn du nicht gut in Physik oder Mathe bist, giltst du als dumm. Wenn du in Kunst nicht gut bist, ist das nicht so wichtig, dann heißt es einfach, das ist nicht dein Ding.»

Das ist ein wichtiger Punkt, denn die Fragen, die wir stellen, die Antworten, auf die wir hören, und die Art und Weise, wie wir mit den Resultaten umgehen, hängen von unseren unterschwelligen Überzeugungen und Annahmen ab. Das zeigt sich in unseren starren, von Rasterdenken bestimmten Strukturen, in unseren Schulen und dem konventionellen Gesundheitssystem bis hin zu unseren Wirtschaftsmodellen.

Wir haben bereits über den Test zu Kreativität gesprochen, den Dr. George Land und Dr. Beth Jarman ursprünglich für die NASA entwickelten und der bei Kindern zeigte, dass die Kreativität mit zunehmendem Alter dramatisch abnimmt. Dr. Land kommentierte dieses Ergebnis mit den Worten: «Seht her, Leute, wenn wir hoffnungsvoll in die Zukunft gehen wollen, wird das so nicht funktionieren. Wir müssen etwas unternehmen.» Ich schließe mich Dr. Land an und möchte hinzufügen, dass es bei Kreativität um mehr geht als nur um unsere Fähigkeit zu Innovation, dazu, unsere Geschäftsmodelle, unsere Technologie und unsere Systeme neu zu überdenken. Kreativität verbindet uns auch mit unserem Inneren und sorgt dafür, dass unsere Seele regeneriert und inspiriert bleibt. Kreativität hängt von InnSæi ab und birgt heilende Kräfte in sich.

Ich entschied damals, meine Festanstellung bei den Vereinten Nationen zu kündigen – die mein Traumjob gewesen war –, weil ich mich in dem einen Rhythmus gefangen fühlte, auf Kosten des anderen. Was mich belastete, war nicht die Mission an sich; es war die Struktur der Arbeit, die mein Licht dämpfte, mein Wirken einschränkte und mir meine Energie aussaugte. Ich sah meine eigene Entfremdung in dem System gespiegelt, dem ich diente, einem System, das mir von den Menschen und dem Planeten entfremdet erschien, denen es eigentlich dienen sollte. Die hochgradig bürokratische und hierarchische Kultur bei der UN führte mir vor Augen, dass wir Systeme um Systeme um Systeme herum erschaffen und dabei die Wirklichkeit aus dem Blick verloren haben, den Pulsschlag und die Wärme echter Verbundenheit, den Boden unter unseren Füßen und wie alles zueinander in Beziehung steht.

Anderthalb Jahre nach meiner Kündigung verbrachte ich einen Teil des Sommers auf einer kleinen Insel im Norden Islands, wo ich anfing, meine Gedanken zu einem idealen Bildungsansatz niederzuschreiben, basierend auf den Erfahrungen, von denen ich hier bereits erzählt habe. Bildung – die Art und Weise, wie wir unsere Kinder aufs Leben vorbereiten und wie wir als Erwachsene lebenslang weiter lernen – ist fundamental dafür, welchen Weg wir einschlagen und welche Fragen wir stellen. Aus meinen Ideen entstand ein akademisches Programm, gerade zu der Zeit, als im Oktober 2008 der Bankenkollaps Island traf. Damals verloren sehr viele Menschen ihre Arbeit, ihre Ersparnisse und ihr Zuhause, und die Leitungen von Universitäten sowie das Arbeitsministerium forderten neue Lösungen, um Arbeitsplätze zu schaffen und unsere Wirtschaft wiederaufzubauen.

Ich beschloss, meine Idee zu einem Studienmodul zu präsentieren, basierend auf den zwei Rhythmen und fächerübergreifender Bildung. Binnen kurzer Zeit entstand daraus Prisma, ein Modul an der Arts Academy of Iceland, der University of Bifrost und der ReykjavíkurAkademían. In jedem der sechs- bis achtwöchigen Module vermittelten rund vierzig Fachleute, führende Köpfe aus dem akademischen und kulturellen Bereich, ihre Einblicke und Erkenntnisse aus Dutzenden Fachrichtungen und Arbeitsfeldern. Es gab Fallstudien, die Innovation und Unternehmerschaft demonstrierten, sowie Vorträge in Philosophie und den Künsten. Begleitend zu dieser intensiven und vielseitigen Vermittlung von Wissen und Sichtweisen auf die Welt wurden die Studierenden darin geschult, ihr InnSæi und ihren inneren Kompass zu stärken. Dazu wurden unter anderem einige der Methoden und Übungen vermittelt, die ich in diesem Buch vorstelle.

Die Altersspanne der Studierenden reichte von 19 bis 67 Jahre, mit unglaublich unterschiedlichen Berufserfahrungen, Bildungs- und sonstigen Hintergründen. Prisma öffnete ihren Geist für neue Möglichkeiten, erweiterte ihre Kompetenzen und schärfte ihren Sinn dafür, welche Richtung sie im Leben einschlagen wollten. Manche sprachen über die heilsamen Wirkungen von Prisma. Ich erinnere mich an eine Situation mit einem meiner engsten Kollegen, einem von vier Koordinatoren, die die Studierenden durch die Prisma-Methodologie und die Aufgaben führten. In der dritten Woche des ersten Moduls kam er auf mich zu, um über seine persönlichen Erfahrungen bei der Arbeit in dieser Umgebung zu sprechen. Er sagte, er fühle sich weniger gestresst, liebevoller und kreativer, und er bemerke sogar einen Unterschied in der Beziehung mit seiner Frau. Seine Worte und Erfahrungen erinnerten mich an die des französischen Pferdetrainers Franck Mourier, von dem ich in Kapitel 1 erzählt habe und der gegenüber Iain McGilchrist äußerte, je mehr er seine Intuition würdigte und gezielt nutzte, umso offener und großzügiger würde er im Geiste.

Bei Prisma ging es darum, eine Konstellation zu schaffen, die Menschen ermächtigte – eine Umgebung, die das Zusammenwirken der zwei Rhythmen und des starken inneren Kompasses vertiefte und stärkte. Grundlage dafür war die Überzeugung, dass Menschen bedeutende und tiefempfundene Ideen und Ansätze hervorbringen, wenn wir den Boden in ihnen bereiten und pflegen und sie darin schulen, ihr Inn-

Sæi bedachtsam und bewusst zu aktivieren. Dann wird ihr innerer Kompass stark genug, dass sie fähig sind, in einer turbulenten Welt bewusst ihren eigenen Weg zu gehen.

Für mich drehte sich alles um die Atmosphäre und die Konstellation von Bildung und physischem Raum, die wir für die Studierenden schufen. Wenn uns das gelang, würde sich alles andere ergeben. Mein unglaublich talentiertes und vielseitiges Team und ich sorgten dafür, dass die Lehrveranstaltungen sowie die Diskussionen und Erkundungen, zu denen wir die Studierenden anregten, in einer sicheren Umgebung stattfanden, frei von der politisch aufgeladenen Atmosphäre draußen. Wir legten Wert darauf, die Räume schön zu gestalten, wir statteten sie mit farbenfrohen Stoffen und Möbeln aus, mit Büchern und Musik. In einer neugierigen und kritischen Geisteshaltung tauchten wir in Themen ein, und wir übten uns darin, das Vertraute mit Staunen und mit neuen Augen zu betrachten. Prisma war etwas bahnbrechend Neues und Unkonventionelles, und dadurch hatten die Teilnehmenden das Gefühl, im selben Boot zu sitzen, ungeachtet ihrer bisherigen Stellung im Leben oder im Beruf. In diesem Fall war die Wirtschaftskrise in Island wahrhaftig die «Mutter der Erfindung» und schuf Raum für neue Ideen, sodass Prisma entstehen konnte.

*Vier Schritte in Prisma*

Diese vier Schritte wandten wir auf alle Aufgabenstellungen und Gruppendiskussionen im Rahmen von Prisma an:

1. Mehr sehen, fühlen und hören.
2. Die Sichtweise umkehren – das Fremde vertraut und das Vertraute fremd machen.
3. In Kontext setzen – Kosmos aus dem Chaos erschaffen und überraschende Verbindungen zwischen scheinbar unverbundenen Teilen entdecken.
4. Aus sich heraus und auf die ganz eigene Weise kreativ sein.

## Der Wert von Intuition

Daniel L. Shapiro ist der Gründer und Direktor des Harvard International Negotiation Program und ein weltweit anerkannter Experte für die Psychologie der Konfliktlösung. In seinem Buch *Verhandeln* (Original 2016 erschienen) führt Daniel sein Publikum ins Herz des Konflikts, seien es Familien in der Krise, verfeindete politische Gruppierungen oder streitende Geschäftsleute. Ich hatte das Glück, Daniel kennenzulernen, während er an seinem Buch schrieb, und seit damals haben wir in verschiedenen Kontexten über Intuition diskutiert. Daniel hebt positiv hervor, dass heute mehr Menschen erkennen, welche Schlüsselrolle Intuition für die Zukunft unseres Planeten, dauerhafte Kooperation und eine gute Entscheidungskultur spielen kann. Allerdings ist er der Meinung, dass wir noch immer «einen langen Weg vor uns haben, bis wir die Kraft der Intuition in vollem Umfang erfassen».

Laut Daniel ist Intuition genauso wichtig wie Mathematik,

Natur- und Wirtschaftswissenschaften. Sie ist wie eine fantastische Bibliothek, die wir alle in uns tragen. Wir können diese Bibliothek nutzen, wir können fließend darin lesen. Aber werden wir die Informationen dazu nutzen, die weisesten Entscheidungen zu treffen, zu denen wir fähig sind, und nicht nur die cleversten?

Authentische Führungspersönlichkeiten, Visionäre, Kunstschaffende und Changemaker navigieren mit einem starken inneren Kompass, was sich durch ihre unverwechselbare Stimme und ihre Wirkung in der Welt ausdrückt. Sie verstehen, was ein Gefühl des Einklangs mit InnSæi und das Gleichgewicht zwischen den zwei Rhythmen bedeuten, und sie würdigen diese als Quelle ihrer Kraft, Resilienz und Entschlossenheit. Sie sind sich bewusst, wie wichtig es ist, ihre Rhythmen durch ihr InnSæi in Balance zu halten, ob sie ein Team zu Leistungen anspornen, die niemand für möglich gehalten hätte, oder Zusammenarbeit initiieren, um in absehbarer Zeit eine Heilung für Querschnittslähmung zu finden, ob es darum geht, die Ökosysteme unserer Ozeane zu regenerieren oder Menschen zu helfen, sich in ihrem Körper zu erden.

Für Alfred Gislason besteht die Kunst des Coachings darin, Profisportler dahin zu führen, ihr Potenzial voll ausschöpfen zu können, sowohl als Individuen als auch im Team, bis über die Grenzen dessen hinaus, was sie selbst für möglich gehalten hätten. Um das zu erreichen, ist InnSæi aus verschiedenen Gründen wichtig. Als ich ihn 2022 interviewte, sagte er: «Für mich ist InnSæi das, was man auf Deutsch Bauchgefühl nennt, ein Fühlen oder Denken aus dem Bauch heraus. Das

Wissen, das einfach da ist, sich meldet und einem sagt, was zu tun ist, selbst wenn es noch durch nichts untermauert ist. Vielleicht ist es eine Fähigkeit, die wir seit Urzeiten haben – aus einer Zeit, als unsere Instinkte über Leben und Tod entschieden. Als Sensitivität für die Umwelt überlebensnotwendig war.»

Manche Menschen sind vielleicht offener dafür, auf diese innere Stimme zu hören, und es scheint, als könnte man sie entweder stärken oder unterdrücken. Alfred sagte weiter:

> [Intuition] hilft mir, mich von meinen eigenen Plänen freizumachen und eine andere Perspektive einzunehmen, offen für das Unerwartete zu sein ... Wenn Sie offen dafür sind, Entscheidungen auf der Basis Ihres InnSæi zu treffen, und diese sich meist als richtig erweisen, vertrauen Sie mit der Zeit immer mehr darauf. Aber natürlich spielen das Wissen und die Erfahrung, über die wir verfügen, eine wesentliche Rolle dabei, wie gut unser InnSæi ist. Die Leute, mit denen Sie arbeiten, lernen ebenfalls, auf Ihre Bauchgefühle zu vertrauen – wenigstens dann, wenn sie sich für das Team in der Mehrheit der Fälle als nützlich erwiesen haben ...

Emotionale Intelligenz, die Fähigkeit, in die Spieler «hineinzuschauen» und ihre Ausgangslage zu verstehen, ist laut Alfred der Schlüssel dazu, ein Team zur Bestleistung zu führen:

> Ich muss verstehen, was für jeden Spieler am besten funktioniert, in welcher Situation auf dem Feld er sich optimal einbringen kann und wo nicht. Damit das funktionieren kann, ist es wichtig, dass ich mir Zeit nehme, eine persönliche Beziehung zu meinen Spielern aufzubauen, sie näher

kennenzulernen und ein besseres Gespür und InnSæi zu ihnen zu entwickeln, ihr Verhalten von Tag zu Tag lesen und deuten zu können. Spieler haben genau wie andere Leute unterschiedliche Präferenzen – was für den einen unwichtig ist, kann für einen anderen von ganz entscheidender Wichtigkeit sein. Dieses Wissen kann helfen, Missverständnisse und Konflikte innerhalb des Teams zu vermeiden, die, wenn sie unbewältigt bleiben, den Teamgeist erheblich beeinträchtigen können.

Für Alfred ist es wichtig, die Teammitglieder aktiv einzubeziehen, damit sie eine starke Verantwortung für den Prozess empfinden. Die Spieler, die er bisher gecoacht hat, haben unterschiedliche kulturelle Hintergründe und sprechen verschiedene Sprachen. «Sie müssen verstehen, was wir tun, und gewillt sein, das zu bringen, was für den Erfolg nötig ist.» Während Alfreds zweiter Spielzeit als Handballtrainer in Magdeburg hatte er das Gefühl, dass seine Spieler in dieser Hinsicht nicht richtig harmonierten. Er entschied deshalb, eine neue Strategie auszuprobieren, um ihr Gefühl der Verantwortung für die Spielstrategie zu stärken.

Alfred war es gewohnt, bei taktischen Besprechungen mit dem Team die meiste Zeit selbst zu reden, wenn er unterschiedliche Pläne für verschiedene Spielsituationen erklärte. Zwar hörten ihm dann alle mit Interesse und konzentrierter Aufmerksamkeit zu, aber er hatte das Gefühl, dass etwas fehlte. Darum beschloss er, bei diesen Besprechungen die Rollen abzuwechseln: Zuerst erklärte er eine Strategie selbst, dann forderte er die einzelnen Spieler auf, den anderen im Team mit ihren eigenen Worten die betreffende Spielstrategie zu beschreiben. Er erkannte, dass zwar jeder Spieler glaubte, genau verstanden zu haben, was der Trainer ihnen vermitteln wollte, «aber wie sich herausstellte, verstand jeder es ein bisschen anders, und das machte für uns als Team einen Unterschied.»

Als Coach oder Manager muss man sich für die Menschen interessieren, mit denen man arbeitet, für ihre Bedürfnisse und ihre jeweils individuelle Stellung in der Gruppe, erklärt er. Man muss bereit sein, sich den Standpunkt jedes Einzelnen anzuhören, und respektieren, worüber jemand diskutieren oder Fragen stellen möchte:

> Solche Beziehungen basieren auf gegenseitigem Vertrauen und echtem Interesse für die individuelle Situation jedes Einzelnen im Team. Und sie gründen auch auf meiner Bereitschaft, selbst etwas zu geben, großzügig mit meiner Erfahrung und meinen Erkenntnissen umzugehen. Wenn das gut funktioniert, wird es leichter und einfacher, unter Druck Entscheidungen zu treffen. Manchmal erscheinen meine Entscheidungen in dem betreffenden Moment vielleicht nicht rational, aber aufgrund dieser gemeinsamen Erfahrung im Team ergeben sie für uns einen Sinn, und sie gehen auf …
>
> Ich verwende oft unglaublich viel Zeit darauf, unsere Gegner zu analysieren, ich werte alle Spiele meines eigenen Teams gründlich aus, besonders diejenigen, die wir verloren haben oder die sich nicht so entwickelt haben, wie ich es gern gehabt hätte. Diese Arbeit hat oft geradezu etwas Selbstquälerisches.

Bei dieser Bemerkung über etwas «Selbstquälerisches» bezieht Alfred sich auf eine detaillierte Video-Analyse und Nachbereitung der Spiele, die oft bis spät in die Nacht andauert, bevor das Team sein nächstes Match bestreitet. Die Analyse der Spiele übernimmt Alfred selbst, getreu seiner Überzeugung, dass es wichtig ist, in das Spiel einzutauchen. Genau wie seine Spieler in der Lage sein müssen, Spielstrategien mit eigenen Worten zu erklären und die Taktiken zu verinnerlichen, findet er es auch unverzichtbar, dass er selbst die Spiele Schritt für Schritt noch einmal durchgeht, analysiert und auswertet. Das hilft ihm, ein tieferes Gefühl für das Spiel und die Spieler zu entwickeln, wie es anders nicht möglich wäre.

Als bekannter Trainer und ehemaliger Profisportler ist Alfred Gislason daran gewöhnt, unter Druck und oft auch unter dem kritischen Blick der Öffentlichkeit zu arbeiten. Zwar genießt er den Druck, der aus hohen Erwartungen bezüglich Erfolg und Leistung resultiert, aber ihm ist auch sehr bewusst, wie wichtig es ist, zwischendurch «aufzutanken», indem er ein Gleichgewicht zwischen den zwei Rhythmen findet. Zu diesem Zweck sucht er die Einsamkeit in einer ländlichen Gegend Deutschlands, wo er sich erdet, Rad fährt, sich um seine Bienen kümmert und Rosen, Gemüse und Obst anbaut.

Am Ende unseres Gesprächs fasst er zusammen:

> Die Erfahrung hat mich gelehrt, dass es wichtig ist, meine Aufmerksamkeit von dem abzulenken, was mich unter Druck setzt, von den Erwartungen über bestimmte Ergebnisse, und sie stattdessen auf Dinge zu richten, die die Zeit bremsen, mir helfen, mich zu erden, und meinen Geist flie-

ßen lassen. Das hilft mir, mich von meinen eigenen Plänen freizumachen und Dinge aus einer anderen Perspektive zu betrachten, offen für das Unerwartete zu sein.
Ich habe immer Wert darauf gelegt, regelmäßig zu trainieren, und aktuell fahre ich meist ein paarmal pro Woche 1,5 bis 2,5 Stunden Rad. Dabei kommen mir die besten Ideen, während ich eigentlich gar nicht an die Arbeit denke.

Auch zu Hause ist er ständig in Bewegung, beschäftigt sich mit seinem Umfeld. «Ich baue etwas, ziehe Gemüse, experimentiere mit verschiedenen Methoden, den Boden zu verbessern. Ich halte Bienen, Hühner, und ich habe Dutzende seltene Rosensorten und Obstbäume gepflanzt, von denen ich manche auf meinen Radtouren über Land entdeckt habe. All das sind für mich Hobbys und zugleich Gelegenheiten, dafür zu sorgen, dass ich in meiner anderen Welt nicht ausbrenne.»

Die zwei Rhythmen fühlen sich für Alfred Gislason oft wie zwei Extreme an. Wenn er unterwegs war, viel gearbeitet hat und dann zurück nach Hause kommt, um sich zu entspannen und sich seinen Hobbys zu widmen, sagt er: «Nach ein paar Tagen kommt es mir vor, als würde die Zeit langsamer vergehen. Ich spüre, wie ich geerdeter werde, stärker mit den Dingen verbunden, auf die es ankommt. Es ist ein seltsames Paradox, denn zugleich betrachte ich mich selbst als Adrenalinjunkie, weil ich mich auch unter Druck gut fühle.»

## Ein Flow-Zustand verstärkt unser InnSæi

Mark Pollock haben wir bereits in Kapitel 2 kennengelernt. Er ist als Extremsportler an die äußersten Grenzen gegangen, beschäftigt sich jetzt mit Möglichkeiten, wie Menschen mit Querschnittslähmung wieder gehen können, und hilft anderen, ihr Leistungspotenzial voll auszuschöpfen. Mark hat eine trainierbare Methode entwickelt, seinen Einklang mit InnSæi zu optimieren, indem er zwischen den zwei Rhythmen wechselt. Seine Erkenntnisse stammen aus jahrelanger Praxis und Forschung sowie aus seiner Tätigkeit als Coach und Autor und seiner Arbeit mit einigen der weltbesten Physiologen, Innovatoren und Wissenschaftler. In den ersten paar Jahren, nachdem er gelähmt wurde, stellte Mark sich als «Versuchskaninchen» für die Wissenschaft zur Verfügung, um neue Technologien zu erproben und die Reaktion seines Nervensystems zu beobachten. Es war Teil seiner Mission, in absehbarer Zeit Querschnittslähmung heilbar zu machen. Mark ist außerdem dafür bekannt, dass er ein unglaublich resilientes und neugieriges Mindset entwickelt hat, und durch Coaching und inspirierende Vorträge hilft er Menschen in aller Welt dabei, sich ebenfalls ein solches Mindset anzueignen. Sein Wissen ist daher umfangreich, breit und verkörpert.

Wie wir in Kapitel 3 gesehen haben, nutzt Mark einen Flow-Zustand, um Zugang zu seinem InnSæi zu erlangen und es zu aktivieren. Im Zuge dessen fing er an, physisch und mental Leistungen zu erbringen, von denen er noch nicht gewusst hatte, dass er dazu fähig war. «Wenn wir im Flow sind», erklärt er, «sind wir in der Lage, Dinge unbewusst oder intuitiv zu tun, wie wir es nicht können, wenn unser hochentwickelter Neokortex oder der präfrontale Kortex das Ruder übernimmt – dann sind wir zu logisch.»

Intuition sagt uns etwas, das wir nicht rational formulieren oder in Stichpunkten zusammenfassen könnten. Vielmehr führt unsere Intuition Informationen aus unserem ganzen Körper zusammen – aus Sinneseindrücken, unserem inneren Sein, unserem Wissen, unserer Geschichte –, um Muster zu finden und uns Antworten oder Hinweise zu liefern. Teile unseres Gehirns herunterzufahren und uns in unserem ganzen Körper zu verwurzeln, ist der Schlüssel dazu, diese Ebene höherer Leistung zu erreichen. Mark erzählt weiter: «Durch meine Arbeit an der Heilung für Querschnittslähmung und durch meinen sportlichen Hintergrund habe ich erkannt, dass unser Geist und Körper verbunden sind, dass unser sensorisches und motorisches System auf Arten zusammenhängen, die wir bis heute nicht ganz verstehen. Deshalb ist es wichtig, nach innen und nach außen verbunden zu sein, und der Flow-Zustand ermöglicht uns das.»

Dann erklärt Mark die Intelligenz, die im ganzen Körper steckt, am Beispiel des Gehens. Gehen ist etwas, das die meisten von uns als einfache Tätigkeit einstufen würden, aber Mark Pollock weiß nur zu gut, dass es in Wirklichkeit hochkomplex ist:

> Die simple Tätigkeit des Gehens ist gar nicht so simpel. Dabei laufen ständig Hunderte Vorgänge gleichzeitig ab, die Umwelt, den Körper und die dynamische Interaktion zwischen beiden betreffend. Man kann all das nicht bewusst verfolgen. Das komplexe System, das zum Gehen erforder-

lich ist, kann man nicht allein mit dem rationalen Teil des Gehirns bewältigen. Die große Entdeckung ist, dass das Gehirn nicht alles steuert, wenn wir gehen. Tatsächlich haben wir viele Gehirne; das Rückenmark am unteren Ende der Wirbelsäule ist intelligent und hat wenig mit dem Gehirn zu tun. Wenn ich nun versuche, in meinem Exoskelett mit Rückenmarkstimulation zu gehen, erforschen wir, ob es besser wäre, wenn ich bewusst daran denke, den rechten Fuß abzusetzen und zugleich mein linkes Bein anzuheben und dann meine Gesäßmuskeln, die Waden und so weiter anzuspannen. Man könnte einwenden, dass das zu kompliziert ist. Vielleicht wäre es besser, unbewusst zu gehen? Die Abwesenheit bewussten Denkens ermöglicht, dass etwas Magisches geschieht, und dazu haben wir Zugang, wenn wir im Flow sind.

In einen Flow-Zustand zu kommen, stärkt unsere Intuition und ermöglicht uns, «hyper-verbunden mit uns selbst, anderen Menschen und der Welt um uns herum zu sein», sagt Mark Pollock. «Wenn Sie immer angeknipst sind, ständig in Aktion, und zu schnell zwischen Personen und Orten wechseln, können Sie nur auf einer oberflächlichen Ebene operieren. Das bedeutet auch, dass Ihre Selbstreflexion, Ihre Verbindung mit anderen Menschen und Ihre Beschäftigung mit größeren Fragen über den Rest der Welt ebenfalls oberflächlich sind.»

Es erfordert Disziplin, den Raum für Disziplinlosigkeit zu finden.

*Mark Pollock*

Heute ähnelt Mark Pollocks Arbeit eher einem geregelten Bürojob, ganz anders als früher, als er Ausdauerwettkämpfe in Wüsten und im ewigen Eis bestritt. Dennoch organisiert er seine Arbeit gern im olympischen Zyklus von vier Jahren. Im Rahmen seines Vier-Jahres-Plans formuliert er schriftlich die wichtigsten Ergebnisbereiche für jedes Jahr, klare Quartalsziele, wochenweise Prioritäten und tägliche Aufgaben. Dabei nutzt er das, was er ein Klärungsschema nennt: Zuoberst steht eine «Warum»-Aussage, dann verengt sich die Betrachtung von dem allgemeinen «Warum» auf die spezifischen täglichen Aufgaben, die es zu bewältigen gilt, und wieder zurück. «Alles, was ich tue, soll Menschen dazu inspirieren, Resilienz aufzubauen und mit anderen zusammenzuarbeiten, damit sie mehr erreichen, als sie für möglich gehalten hätten. Meine ‹Warum›-Aussage hilft mir, mich für oder gegen Projekte zu entscheiden, basierend auf meinen drei Säulen: Resilienz, Zusammenarbeit und Performance. Alles, was ich tue, muss zu diesen Säulen passen», erklärt er.

Klarheit ist ein entscheidender Faktor für die Fähigkeit, in den Flow zu kommen, denn Flow folgt dem Fokus. Wir fahren dann die Teile unseres Gehirns herunter, die uns im «Analysemodus» halten, und wechseln in den «Handlungsmodus». Ein klarerer Rahmen schafft mehr Raum für Flow. Mark bemüht sich, seine wöchentlichen und täglichen Aufgaben so spezifisch wie möglich zu formulieren. Ein normaler Tag beginnt für ihn, grob gesprochen, mit zwei Stunden Flow und Schreiben. Dann trainiert er, anschließend folgt noch eine etwa einstündige Flow-Einheit ohne Ablenkungen, dann das Mittagessen, und die Nachmittage nutzt er für Meetings und

Telefonate, die wahrscheinlich ungeordneter und mühsamer ausfallen. Am Ende rekapituliert er den Tag und würdigt, was er geleistet hat.

Als tägliche Aufgaben könnte er sich zum Beispiel vornehmen, Themen für einen seiner Vorträge aufzuschreiben, Kapitelüberschriften für ein Buch, an dem er gerade arbeitet, oder was auch immer ansteht. «Das Klärungsschema ermöglicht mir auch, Nein zu all den anderen Projekten zu sagen, für die ich mich begeistern könnte», erklärt er. «Im Prinzip versuche ich, Filter zu schaffen, um mich aus der Lawine der Möglichkeiten und Ereignisse auf der Welt zu befreien und die kognitive Last, die ich mir aufbürde, zu reduzieren. Das macht mich leistungsfähiger.» Wir können nicht alles tun, wozu wir die Gelegenheit hätten. Es geht darum, mit unserem inneren Kompass zu navigieren und zu unterscheiden, was im Einklang mit uns ist und was nicht.

Für viele von uns erfordert es Disziplin, einen Flow-Zustand zu erreichen oder uns einen von Flow geprägten Lebensstil anzueignen. Dabei ist Flow nicht nur ein hervorragender Weg, unsere Leistung zu verbessern und unsere Intelligenz zu steigern, sondern er reduziert auch Stress und regeneriert und verstärkt unsere Kreativität. «Wir müssen uns im täglichen Leben Freiräume fürs Nichtstun schaffen und Erholung systematisch einplanen. Es erfordert Disziplin, Raum für Disziplinlosigkeit zu finden», sagt Mark. Und hier sind ihm seine Erfahrungen im Sport sehr nützlich:

> Im Flow-Zyklus aus Anstrengung, Erleichterung, Flow und Erholung habe ich erlebt, wie schrecklich es sich anfühlen

kann, aus dem Hochgefühl des Flow-Zustands herauszufallen. Dann verschwinden all die süchtig machenden Neurotransmitter, die im Flow wirken, und man fühlt sich kaum noch in der Lage, überhaupt irgendetwas zu schaffen, von Hochleistung ganz zu schweigen. An diesem Punkt müssen wir die Erholung als nicht verhandelbar einstufen und sie intensiv betreiben. Dazu zählt aktive Regeneration wie Bewegung, Saunagänge, Eisbaden und Schwimmen im Meer oder auch einfach Schlaf, Entspannung und Lachen.

Mark unternimmt auch Ausflüge mit seinem Tandem-Handbike, geht ins Fitnessstudio und zu Comedy-Abenden. Außerdem trifft er sich manchmal mit Freunden zum Brunch, geht in den Pub oder hört Übertragungen von Sportveranstaltungen, während er sich entspannt und regeneriert:

> Früher war mir nicht bewusst, dass man als Sportler ganz automatisch auch zyklisch Ruhe- und Regenerationsphasen eingebaut hat, sowohl in der Saison als auch in der Pause nach Saisonende. Viele Jahre lebte ich als Sportler in diesem Zyklus aus Anstrengung, Erleichterung, optimaler Leistung und Erholung. Und zwar nicht nur im Trainingskontext, sondern auch nach Rennen während der Saison und wenn die Saison endete und Zeit für Urlaub war. Ich wusste damals noch gar nichts über Flow, aber tatsächlich pflegte ich einen von Flow geprägten Lebensstil, in dem Erholung und Regeneration ihren festen Platz hatten.

**Entwickeln Sie Ihr eigenes Klärungsschema**

- Definieren Sie Ihre «Warum»-Aussage und nutzen Sie sie, um zu entscheiden, wie Sie Ihre Zeit und Energie priorisieren.
- Ihre «Warum»-Aussage verschafft Ihnen Klarheit und erzeugt einen Rahmen für den Flow.
- Je klarer der Rahmen, umso besser Ihre Chancen, in den Flow zu kommen.
- Ständig tun sich Wege in die unterschiedlichsten Richtungen auf, aber Ihr «Warum» wird Ihnen helfen, auf Ihr InnSæi zu hören und es als inneren Kompass zu nutzen.
- Legen Sie großes Gewicht auf Regeneration, sie darf auf keinen Fall zu kurz kommen. An alle Hartgesottenen und Perfektionisten: Erholung darf ruhig Spaß machen und ist auch dann effektiv, wenn dabei viel gelacht wird!

## Kreativität ist ein Geisteszustand

Früher hätte Mark sich selbst eher nicht als einen kreativen Menschen eingeschätzt, aber der Flow hat seine Kreativität freigesetzt und ihm ermöglicht, Antworten zu finden, von denen er nicht wusste, dass sie in ihm steckten. «Wir fangen an, kreative Verbindungen in einer Weise herzustellen, wie es uns einfach nicht möglich ist, wenn wir zu rational und logisch denken», sagt er.

Mark stieß auf ein Forschungsprojekt von Red Bull aus dem Jahr 2015 mit dem Titel «Hacking Creativity», in dem mehr als 30 000 wissenschaftliche Studien verarbeitet und Hunderte Interviews mit Experten geführt wurden. Die Studie weckte sein Interesse, denn sie hat ergeben, dass Kreativität die wichtigste Fähigkeit ist, wenn man in unserer schnelllebigen Welt erfolgreich sein will. «Leider hat die Studie auch gezeigt», so Mark, «dass es extrem schwierig ist, Menschen beizubringen, kreativer zu werden. Das liegt daran, dass Kreativität ein Skill ist, der sich aus einem bestimmten Geisteszustand ergibt. Und dieser Geisteszustand, der uns ermöglicht, kreativ zu sein, ist der Flow.»

Mark fährt fort: «Wenn ich kreativ sein will, muss ich mir bewusst die Zeit und den Raum dafür schaffen, in den Flow zu kommen. Das geschieht nicht zufällig. Der Punkt ist, dass es immense Auswirkungen auf die Kreativität hat. Im Flow sind wir viel weniger selbstkritisch, unsere Fähigkeit, Muster zu erkennen, steigt sprunghaft an, und all das hilft uns, Kreativität freizusetzen.»

## Flow und Kreativität

Flow gilt als die tiefste Form der Aufmerksamkeit, zu der Menschen fähig sind. Er ist ein Zustand, in dem wir aus unserem logischen Verstand und Gedankenstrom heraustreten, das Zeitgefühl verlieren und ganz in einer Tätigkeit aufgehen. Wir bringen die zwei Rhythmen ins Gleichgewicht, was unter anderem gesteigerte Kreativität und optimale Leistung zur Folge hat.

**Drei Schritte in einen Flow-Zustand**

1. Wählen Sie ein Ziel. Flow erfordert, dass Sie all Ihre geistige Energie bewusst in eine Richtung lenken.
2. Dieses Ziel muss Ihnen etwas bedeuten – Sie können nicht im Flow auf ein Ziel hinarbeiten, das Ihnen gleichgültig ist.
3. Es ist hilfreich, wenn das, was Sie tun, Sie an die Grenzen Ihrer Fähigkeiten bringt – gehen Sie bei etwas, das Sie gern tun, noch einen Schritt weiter, machen Sie es etwas herausfordernder.

Achten Sie außerdem darauf, die fünf Rituale aus Kapitel 4 zu befolgen.

Eine Amöbe ist ein kleiner, gallertiger, hoch anpassungsfähiger Einzeller, der in Ozeanen, Flüssen, Seen und feuchter Erde zu finden ist. Manchmal sehe ich mich selbst gern als Amöbe, wenn ich in einem kreativen Prozess stecke oder Veränderungen in meinem Leben durchmache. Ich finde es ganz amüsant, so über mich zu denken. Es hilft mir, das Leben nicht allzu ernst zu nehmen, und seltsamerweise fühle ich mich dann weniger allein auf der Welt – ich bin eins mit der Amöbe! Außerdem scheint es mir ein ziemlich passendes Bild dafür zu sein, was in solchen Übergangsphasen mit uns geschieht.

Amöben können sich in unterschiedliche Richtungen ausdehnen und sich fließend fortbewegen, um ihre Umgebung zu erkunden und zu tun, was zum Überleben nötig ist. Dann ziehen sie sich wieder zu einer dichteren Form zusammen, manchmal kugelförmig. Ich stelle mir vor, wie ich selbst mich auf ähnliche Weise ausstrecke und wieder zurückziehe, das Wasser prüfe und meinen Kiel ausbalanciere, bis sich etwas richtig anfühlt.

Das Wort Amöbe ist von dem griechischen Wort *amoibe* abgeleitet, das «Wechsel» bedeutet. Ein Prozess des Übergangs oder des Schaffens fühlt sich oft an, als würde man einen Schritt vorwärts machen und zwei zurück. Oder ich erlebe vielleicht an einem Tag Klarheit und einen Energieschub, und am nächsten Tag frage ich mich, ob ich nicht völlig auf dem Holzweg bin. Aus Erfahrung habe ich gelernt, dass diese nervenaufreibenden Gefühle des Dazwischen okay sind und dass sie tatsächlich eine wichtige Rolle für Kreativität und jede Art von Übergang spielen. Der Schlüssel liegt darin, auf den Prozess zu vertrauen. Wir alle sind ständig dabei, auszuprobieren und unsere neue Gestalt zu finden. Da die Welt und das Leben dynamisch sind, muss man sich immer wieder anpassen und seine Gestalt neu finden, um sich im Einklang zu fühlen. Unser Gefühl der Bestimmung oder Richtung kann sich mit der Zeit verändern, weil wir und unsere Umwelt uns verändern. Wir müssen unsere innere Kompassnadel spitzen wie einen Bleistift; je spitzer sie ist, umso klarer das Ergebnis.

Und anders als einen Bleistift können wir unseren inneren Kompass endlos oft spitzen, weil er unerschöpflich ist.

Die Amöben-Metapher ist nur eine von vielen Arten zu beschreiben, wie wir rhythmisch mit der Welt um uns herum interagieren. Die zwei Rhythmen helfen uns, Intuition und Absicht bewusst auszubalancieren, das Kreative und das Rationale, Flow und Raster, das Gesamtbild und die Ausschnittsvergrößerung. Sie erinnern uns auch daran, unseren Tank aufzufüllen, bevor er leer ist, und die Akkus unseres Körpers aufzuladen, weil wir nicht ständig hundertfünfzig Prozent geben können, ohne dass uns irgendwann die Energie ausgeht. Wenn die Rhythmen im Ungleichgewicht sind, kann das unser Licht dämpfen und dazu führen, dass wir uns haltlos fühlen.

Im Herzen herausragender Errungenschaften, Ideen, aber auch ganz alltäglicher Erkenntnisse liegt die Intuition. Dinge treffen in Ihrem Geist zusammen, und Sie ziehen die Verbindungen. Sie sagen sich: «Aha! Jetzt weiß ich, was zu tun ist.» Wir erleben diese zündenden Momente der Intuition in jedem Lebensbereich, von Entscheidungen im Privaten bis hin zur Geschichte der Gründung von Microsoft, wir sehen sie bei so unterschiedlichen Menschen wie Kopernikus, Marina Abramović oder Martin Luther King. Die Welt ist voll von solchen Geschichten, von denen manche nie erzählt werden und andere in Büchern nachzulesen sind, etwa *Das Aha-Erlebnis* (2015) von John Kounios und Mark Beeman oder *Geistesblitze* von William Duggan (Original 2007 erschienen).

Im Umgang mit diesen beiden Rhythmen achtsamer und disziplinierter zu werden, hilft uns dabei, uns bewusst zu machen, was vor dem «Aha-Moment» passiert. Es verbessert beide Denkmodi, und wir fangen an, sie effektiver und bewusster miteinander zu verbinden, wenn wir Entscheidungen und Ideen hervorbringen. Es ist ein Prozess des Gebens und Nehmens. Und je mehr wir geben, umso mehr können wir aufnehmen. Wir können nicht immer nur geben, das würde uns erschöpfen – wir müssen auch offen dafür sein zu empfangen. Kreativität ist zuallererst ein Geisteszustand, eine Seinsweise, die daraus entsteht, wie wir unsere Aufmerksamkeit einsetzen und was wir mit dem, was unsere Aufmerksamkeit erfasst, umgehen. Die kräftigsten, schönsten Blumen wachsen in gut bereitetem Boden.

## Der innere und der äußere Ozean

Es ist pure Glückseligkeit. Der innere und der äußere Ozean werden eins.

*Enric Sala, Meeresbiologe und Ozeanforscher*

Wie bereits in Kapitel 3 erwähnt, gab Enric Sala, National Geographic Explorer-in-Residence, seine Stellung an der Universität auf, um seiner eigentlichen Leidenschaft, dem Ozean, näherzukommen. Im akademischen Bereich fühlte er sich nicht mit dem Leben im Meer verbunden, eher so, als schriebe er einen Nachruf auf die Ozeane der Welt. Enric Sala ist Gründer und Leiter des Projekts National Geographic Pristine

Seas, in dem Entdeckung, Forschung und Medien eingesetzt werden, um politische Entscheidungsträger dazu zu inspirieren, die letzten unberührten Gebiete im Ozean zu schützen. Seit Enric seine Stelle an der Universität aufgab, bringt er den größten Teil seiner Zeit im Meer zu, um eins mit ihm zu sein und es besser zu verstehen. «Meine Zeit im Ozean hat mir enorm geholfen, meine Intuition darüber zu entwickeln, was mit dem Ozean heute nicht stimmt und wie man ihn heilen kann», sagte er, als ich ihn für dieses Buch interviewte.

«InnSæi kommt mit der Erfahrung und dem Wissen, das wir verinnerlichen. Wenn wir offen dafür sind, neugierig und lernbegeistert, vertiefen wir unser InnSæi», erklärte er. «Es ist wie damals, als ich zum ersten Mal tauchen ging – ich war so aufgeregt, dass ich meinen ganzen Sauerstoff in einer Viertelstunde verbrauchte. Wenn ich heute tauche, brauche ich gar nicht mehr darüber nachzudenken – ich springe einfach mit meiner Ausrüstung ins Wasser, sie ist ein Teil meines Körpers geworden. Mit InnSæi ist es dasselbe», sagt er und erinnert uns daran, dass unsere Sinne umso aufnahmebereiter sind, je ruhiger wir werden. Wir lassen die Welt zu uns kommen und sind offen dafür, Augenblicke der Ehrfurcht zu erleben.

«Heute bin ich eins mit dem Ozean», schloss er, «ich bin völlig stabil, wenn ich mich treiben lasse und tauche. Ich spüre keinen Unterschied zwischen mir und dem Ozean, nicht einmal in der Temperatur. Es ist pure Glückseligkeit. Der innere und der äußere Ozean werden eins.» – Was für eine wunderschöne Art, ein Gefühl der Zugehörigkeit zu beschreiben.

Wenn Enric Sala nicht gerade taucht oder segelt, verbringt er seine Zeit an Land damit, zu planen, Strategien zu entwickeln, und er wirbt mit seinem Team vom Projekt Pristine Seas um Unterstützung für sein Anliegen, die komplexen Ökosysteme der Meere zu schützen, um eine nachhaltigere Nutzung der natürlichen Ressourcen der Ozeane sicherzustellen. Früher in seiner Laufbahn glaubte er, es würde genügen, wenn die Menschen die wissenschaftlichen Fakten über die Schädigung der Ökosysteme im Ozean kennen, doch das war ein Irrtum. Inzwischen hat er erkannt: Die Menschen müssen es selbst erleben, sehen und spüren. Es rational zu wissen, genügt nicht. Enric Sala und sein Team aus Wissenschaftlern, Filmemachern und Experten für Politik sind um die ganze Welt gereist, um die Einrichtung von Meeresschutzgebieten anzuregen. Sie ermöglichen politischen Entscheidungsträgern, mit eigenen Augen sowohl intakte Ökosysteme des Ozeans als auch die Folgen von deren Zerstörung zu sehen, und unterstützen sie bei der Entscheidung, den Ozean zu schützen. Während ich das hier schreibe, hat das Projekt Pristine Seas bereits zur Schaffung von 26 der größten Meeresschutzgebiete auf dem Planeten beigetragen, die zusammen mehr als 6,5 Millionen Quadratkilometer groß sind.

In seinem Buch *Die Natur der Natur: Ein Appell für die Artenvielfalt* (2021) erklärt Enric Sala, warum die Erhaltung und Wiederherstellung der unberührten Natur nicht nur wirtschaftlich sinnvoll, sondern auch essenziell für unser Überleben ist. Sein Wirken und seine Perspektive sind von dem Verständnis geprägt, dass Veränderung von innen kommt:

> Die Atome in unserem Körper wurden vor Milliarden Jahren erschaffen und in uns zusammengefügt. Wir wissen das

heute, und zugleich beobachten wir das Universum. Es ist wahrhaftig ein Wunder. Wenn Sie das verstehen, dann verstehen Sie den Wandel, der bei Ihnen anfangen muss. All meine Eindrücke von der Welt sind in meinem Geist. Wie ich auf die Welt reagiere, ist ebenfalls in meinem Geist. Die Erde dreht sich um die Sonne, daran können wir nichts ändern. Aber wir alle können die Art und Weise verändern, wie wir mit anderen Lebewesen interagieren, die Welt interpretieren und auf sie reagieren. Es liegt an uns zu entscheiden, was wir mit der Zeit, die uns gegeben ist, anfangen.

## In unseren Körper heimkehren

Ende 2019 war nach einem intensiven Arbeitsjahr mein Akku erschöpft, und ich beschloss, gemeinsam mit einer Freundin an einem einwöchigen Yoga-Retreat im Kripula Yoga Center in den USA teilzunehmen. Meine Freundin hatte mir von ihrer Lehrerin Angela Farmer erzählt, die auch bei diesem Retreat Yoga unterrichtete, und sagte, ich müsse sie kennenlernen. Als Angela Farmer am ersten Morgen zur Tür hereinkam, erfüllte sie den Raum mit ihrer sanften, geerdeten Energie. Sie war damals 81 Jahre alt, und ich weiß noch, dass ihre Erscheinung mich an einen weisen, starken und schlanken Baum erinnerte. Mit ihren langen Beinen, zarten Händen, dem welligen grauen Haar und ihren schönen, großen, hellblauen Augen zog sie uns in ihren Bann, während sie zeitlose Wahrheiten in einer schlichten, eindrücklichen Sprache formulierte, wie nur die Weisen es vermögen. Im Mittelpunkt von Angelas Arbeit steht das Bemühen, Menschen wie Ihnen und mir zu helfen, durch den Körper wieder zu uns selbst zu finden. Wir müssen das lebenslang üben, denn unser Geist neigt oft dazu, abzuschweifen und die Verbindung zum Körper zu verlieren.

In den wenigen Tagen, die ich auf dem Retreat verbrachte, wurde ich daran erinnert, wie fundamental die körperliche Gesundheit für unsere Energie und unser Mindset ist. Ich erlebte, wie meine Nerven sich beruhigten und meine Gelenke beweglicher wurden, wie mein Geist sich klärte und meine Positivität und mein Gefühl, etwas bewirken zu können, zurückkehrten. Bei der Ankunft war ich abweisend, mürrisch und angespannt, und während ich das hier schreibe, empfinde ich Dankbarkeit dafür, dass meine Freundin mich während der ersten paar Tage ertrug. Im Laufe einer Woche im Retreat sah ich, wie die Teilnehmenden Schmerzen in Rücken, Hüfte, Gelenken oder Kopfschmerzen, an denen sie seit Jahren gelitten hatten, lösten und sich von ihnen befreiten.

Als ich Angela für dieses Buch interviewte und ihr von InnSæi erzählte, sprach sie über den persönlichen und kollektiven Schmerz und die Dunkelheit, die ihrer Überzeugung nach viele Menschen auf der Welt gegenwärtig durchleben, weil es so viel Spaltung und Unruhe gibt, ausgelöst durch Klimawandel, Pandemien, Kriege, technologischen Umbruch, Zerrüttung und soziale Konflikte. Sie sagte, wir sollten unserem Schmerz Aufmerksamkeit schenken, statt ihn mit Ablenkung, Medikamenten oder Drogen zu betäuben. «Es ist wichtig, den Schmerz, den wir vielleicht in unserem Körper spüren, nicht zu betäuben – wir können nur an ihm wachsen, wenn wir es wagen, auf den Schmerz zu hören und ihn anzunehmen.» Sie sprach darüber, dass der Körper schön und authentisch ist, und sagte, wir müssten ihn nicht nur annehmen und würdigen, sondern auch eins mit ihm werden. «Du kannst deinen Körper nicht verleugnen, die Vergangenheit steckt geballt in uns. Lerne die Stellen in deinem Körper kennen, an denen sich etwas ballt, wo du verhärtet bist und wo der Schmerz sitzt. Freunde dich mit diesen Stellen an, löse sie und lasse sie sich lösen. Jedes Mal, wenn wir uns dehnen und die Räume in unserem Körper öffnen, fangen wir an, uns selbst zu entdecken und zu uns heimzukehren», erklärte sie.

Für Angela ist Yoga-Praxis «eine Reise des Selbst zum Selbst durch das Selbst». Sie sagt: «Manche Menschen besitzen die Fähigkeit und Kraft, Großes zu vollbringen, aber ich glaube, auch wenn wir Dinge in uns selbst in Gang setzen, können sie ziemlich groß werden.»

## Die transformative Kraft der Ehrfurcht

Die einzig wahre Entdeckungsreise ... besteht nicht darin, fremde Länder zu betreten, sondern mit neuen Augen zu sehen.

*Marcel Proust,* La Prisonnière *(Die Gefangene), 1923*

Ich habe das, was ich über Ehrfurcht sagen möchte, bis jetzt aufgehoben, weil darin vieles von dem zusammenkommt, worum es in diesem Buch geht. Ehrfurcht ist ein Gefühl, das wir empfinden, wenn wir uns etwas so Gewaltigem gegenübersehen, dass wir uns selbst im Vergleich winzig klein vorkommen – unser Denken setzt aus, und wir verlieren uns im Augenblick. Ehrfurcht ist ein Gefühl, das die Grenzen unseres Verständnisses von der Welt überschreitet. Darin steckt Staunen, aber auch ein Anflug von Furcht, und wir sind gezwungen, vor dem Mysterium zu kapitulieren, anzuerkennen, wie viel es gibt, das unser Verständnis übersteigt. Es treibt uns Tränen in die Augen, wir bekommen Gänsehaut, es verschlägt uns den Atem, oder ein Prickeln überläuft unseren Körper, wenn wir sehen, wie ein kleines Kind seine ersten Schritte macht oder eine starke Führungsperson ihre Wahrheit ausspricht. Ehrfurcht ist ein Gefühl, an dem unser ganzer Körper beteiligt ist. Es kann auch durch einen Akt der Aufopferung oder Tugendhaftigkeit verursacht werden oder durch eine überwältigende natürliche Landschaft, etwa einen Wald, einen Gletscher, eine Wüste oder einen Ozean. Laut Jo Marchants Aussage in ihrem Buch *The Human Cosmos* (2020) haben wissenschaftliche Studien allerdings gezeigt, dass sich Ehrfurcht bei Menschen besonders oft und zuverlässig durch den Anblick eines Sternenhimmels hervorrufen lässt. Womit wir wieder bei den Sternen wären – wir sind aus Sternenstaub gemacht, und der Kosmos ist ebenso in uns wie um uns herum.

Bis vor etwa fünfzehn Jahren gab es keine Wissenschaft von der Ehrfurcht. Die Forschung konzentrierte sich darauf,

Emotionen wie Angst oder Abscheu zu untersuchen, die für das menschliche Überleben essenziell erschienen. Doch durch die Arbeit von Leuten wie Dr. Dacher Keltner an der University of California, Berkeley, Autor von *Awe: The New Science of Everyday Wonder and How it Can Transform Your Life*, haben wir erkannt, dass auch Ehrfurcht eine treibende Kraft in der menschlichen Evolution ist. Dass wir bis heute überlebt haben, verdanken wir unserer Fähigkeit, zu kooperieren wie Myzel, Gemeinschaften zu bilden und Kulturen zu erschaffen, die unser Gefühl einer gemeinsamen Identität stärken. Das alles sind Handlungen und Narrative, die durch Ehrfurcht in Gang gesetzt und angetrieben werden.

Die Forschung zeigt, dass wir an einem Mangel an Ehrfurcht leiden. Das ist schlimm, denn Ehrfurcht zu empfinden, macht uns zu besseren Menschen, es bringt die Rhythmen unserer Seele und unsere intellektuellen Fähigkeiten ins Gleichgewicht, verbindet uns mit unserem InnSæi und lässt das Beste in uns als Menschen zutage treten. Es hilft uns, Körper und Gehirn zusammen ganzheitlicher zu nutzen, und wir werden glücklicher und weniger gestresst. Ehrfurcht eröffnet uns eine erweiterte Perspektive, sie erinnert uns daran, dass wir Teil eines größeren Ganzen sind.

Studien haben gezeigt, dass Ehrfurcht uns helfen kann, uns aufs Jetzt zu konzentrieren und unser Gedächtnis zu verbessern. Ehrfurcht zu empfinden, wirkt sich auch körperlich aus und aktiviert das parasympathische Nervensystem, das die Kampf-oder-Flucht-Reaktion herunterfährt. Wenn wir ehrfürchtig sind, zeigen wir mehr Interesse, wir sind kreativer, neugieriger und aufmerksamer. Wir sind sogar auch Wochen später noch glücklicher und weniger gestresst. Wenn wir Ehrfurcht empfinden, treffen wir ethischere Entscheidungen, achten weniger aufs Geld und mehr auf den Planeten. Ehrfurcht verschiebt unsere Perspektive weg von uns selbst hin zum weiteren Zusammenhang, zum Planeten, den größeren Dingen. Es wurde gezeigt, dass schon leichte Ehrfurcht, wie sie in Laborexperimenten ausgelöst wird, unsere Stimmung und unser Verhalten signifikant beeinflussen kann. Bilder zu betrachten, die Ehrfurcht hervorrufen, scheint gewohnte Denkmuster aufzubrechen, sodass Menschen kreativer werden und sich mehr für die Welt interessieren.

Wenn wir ehrfürchtig sind, reduziert das Gehirn unser Selbstgefühl, der Austausch zwischen unterschiedlichen Gehirnarealen wird verstärkt, und Kreativität und flexibles Denken werden gesteigert. Jo Marchant nimmt an, das könnte der Grund sein, weshalb solche Zustände dauerhafte Veränderungen in Einstellungen und der Persönlichkeit auslösen können, etwas, das für Erwachsene eigentlich eher ungewöhnlich scheint. Mehr noch, solche Zustände könnten uns helfen, uns von starren Denkmustern zu befreien, die wir im Laufe unseres Lebens entwickelt haben und die unsere Fähigkeit zu divergentem und kreativem Denken beeinträchtigen können. Wissenschaftler haben vermutet, dass Ehrfurcht mittels des Neurotransmitters Serotonin diese starren Muster und Verknüpfungen in unseren Gehirnen lösen kann. Kurz gesagt, Ehrfurcht zu empfinden, kann die Art und Weise transformieren, wie wir über andere Lebewesen, uns selbst und den Planeten Erde denken. Was für eine schöne Möglichkeit, unser Mindset zu verändern.

Natur, die Künste, Kultur, Spiritualität und Meditation zählen zu den Dingen, die Ehrfurcht in uns hervorrufen können, doch wir schätzen sie in vielerlei Hinsicht zu gering. Durch unsere Lebensweise, durch die Art, wie wir konsumieren und Wert definieren, werden natürliche Vielfalt, Ökosysteme und unberührte Natur weltweit geschädigt oder gar gänzlich vernichtet, und das in einem Tempo, wie es in der Menschheitsgeschichte nie zuvor geschehen ist.

In seinem Buch *Value(s)*, 2012 veröffentlicht, argumentiert Mark Carney, ehemaliger Governor der Bank of Canada und Bank of England, die Art, wie unsere Wirtschaft Wert denkt, stünde einer nachhaltigen Welt im Weg. Um es mit Oscar Wilde zu sagen: Wir kennen anscheinend «von allem den Preis, von nichts den Wert». Mark Carney schreibt auch über unsere verengte Sicht und unsere verarmte Perspektive, durch die wir den Blick für unser kollektives Wohlergehen verloren haben. Er führt als Beispiel die «two Amazons» an: auf der einen Seite den Amazon-Konzern, auf der anderen Seite die Amazonas-Regenwälder. Die Equity-Bewertung von 1,5 Billionen US-Dollar spiegelt die Einschätzung des Marktes wider, dass der Amazon-Konzern noch sehr lange Zeit sehr profitabel arbeiten wird. Im Gegensatz dazu hat die Amazonasregion überhaupt erst dann einen Marktwert, wenn der Regenwald gerodet ist und auf dem neu erschlossenen Land Viehweiden oder Sojaplantagen angelegt werden. Die Kosten für das Klima und die Biodiversität tauchen in keiner Bilanz auf, dabei sind sie nicht weniger real.

Rund eine Million Tier- und Pflanzenarten sind gegenwärtig vom Aussterben bedroht, mehr als je zuvor in der

Menschheitsgeschichte, wie aus einem UN-Bericht zur Lage von Artenvielfalt und Ökosystemen aus dem Jahr 2019 hervorgeht. Menschen und unsere domestizierten Nutztiere machen 96 Prozent der gesamten Biomasse aller landlebenden Säugetiere aus. Nur 4 Prozent sind Wildtiere. Das fundamentale, vielfältig verknüpfte Netz des Lebens auf der Erde wird immer dünner und löcheriger, und zugleich hat ein immer geringerer Anteil der Menschen direkten Zugang zu den Wundern der Natur. Dafür gibt es viele Gründe – in manchen Gegenden können wir zum Beispiel kaum noch die Sterne am Nachthimmel sehen. «Heute, da Lichtverschmutzung unseren Planeten umspannt, sind die Sterne beinahe verschwunden. Früher waren in dunklen Nächten Tausende zu erkennen, heute sehen wir in den Städten nur noch ein paar Dutzend. Die meisten Menschen in den Vereinigten Staaten und Europa können die Milchstraße gar nicht mehr ausmachen. Es ist eine katastrophale Erosion unseres natürlichen Erbes: der Verlust unserer Verbindung mit unserer Galaxie und dem Universum als Ganzem», schreibt Jo Marchant.

Wissenschaftler haben davor gewarnt, dass wir uns selbst der Chance berauben, uns in der immensen Weite und Schönheit der Welt zu verlieren, und ein Mangel an Ehrfurcht macht uns eigennütziger, materialistischer und narzisstischer. Er vermindert auch unsere Fähigkeit, das große Ganze zu sehen und die Magie, die sich ständig direkt vor unseren Augen abspielt.

## Serendipität üben

Serendipität – unverhoffte Entdeckung, glücklicher Zufall – ist das Gegenteil von eng fokussiertem Denken, bei dem man seinen Geist auf eine Absicht oder ein Ziel konzentriert und alles andere ausblendet. Serendipität lädt dazu ein, Ihre Aufmerksamkeit auszuweiten, weit genug, um etwas Bedeutsames zu bemerken, auch wenn es Ihnen im Augenblick irrelevant oder nutzlos erscheint. «Serendipität bedeutet, wertvolle und wohltuende Ideen oder Dinge – oder Menschen – zu finden, wenn man gar nicht bewusst danach sucht», erklärt John Adair in seinem Klassiker *The Art of Creative Thinking* (2007).

Hier ein paar Anregungen, wie Sie Serendipität üben können:

- Betrachten Sie Fremde als Boten. Ob Sie mit ihnen sprechen oder nicht, beobachten Sie sie oder sagen Sie Hallo und lächeln Sie. Wenn jemand im Bus, in der Bahn oder in der Schlange an der Supermarktkasse mit Ihnen sprechen möchte, gehen Sie darauf ein. Jeder ist ein Bote. Notieren Sie in Ihrem Tagebuch, was passiert ist, und nehmen Sie wahr, wie Sie die Interaktion wahrgenommen haben.
- Weichen Sie von gewohnten Wegen ab. Ob Sie körperlich oder geistig unterwegs sind – einen anderen als den gewohnten Weg zu nehmen, wirkt erfrischend auf Ihre Wahrnehmung und Ihr Denken.
- Weiten Sie Ihre Aufmerksamkeit aus, um auch Ungewöhnliches und Unerwartetes zu erfassen. Übermäßig organi-

siert zu sein und Ihr Leben bis ins kleinste Detail zu planen, wirkt wie ein Gegenmittel gegen Kreativität. Chaos bringt oft Ideen und neue Verknüpfungen hervor. Zufall begünstigt den Geist, der für das Unerwartete bereit ist.

Unverhofftes wird Ihnen eher begegnen, wenn Sie neugierig sind, Ihre Aufmerksamkeit weiten und Ihre Interessen breit streuen.

## Leben ist das Seltenste auf der Welt

Leben, das ist das Allerseltenste in der Welt – die meisten Menschen existieren nur.

*Oscar Wilde, aus seinem Essay «Die Seele des Menschen unter dem Sozialismus» (1891)*

«Sie ist so schön!», rief der erste Mann im Weltraum, der sowjetische Kosmonaut Juri Gagarin, im April 1961, wenige Minuten, nachdem er in den Orbit geschossen worden war. Er meinte damit nicht die Sterne oder den Kosmos, sondern unseren eigenen Planeten. Später schrieb und signierte er eine Botschaft an den Rest der Menschheit: «Menschen der Welt, lasst uns diese Schönheit erhalten und mehren, nicht zerstören!»

In ihrem 2020 erschienenen Buch *The Human Cosmos* schreibt Jo Marchant leidenschaftlich darüber, dass wir «die persönliche Erfahrung als wichtige Quelle und Wissen über die Welt durchweg zu gering bewertet [haben]. Persönliche Erfahrung wurde aus unserem Verständnis der Realität verdrängt, ersetzt durch das abstrakte, mathematische Raster der Raumzeit.» Es ist, als seien wir nicht mehr Teilnehmer an der Welt, sondern ferne, unbeteiligte Beobachter und Empfänger. Damit, so schreibt sie, wird unsere Sicht auf den Kosmos einfach beiseite gewischt.

In einer Welt, die mitunter geradezu verrückt zu spielen scheint und sich gespaltener denn je anfühlt, brauchen wir ein Gefühl der Ehrfurcht, das uns dazu leitet, die beste Version unser selbst zu werden und kühne Visionen zu entwickeln. Wenn wir unseren Schwerpunkt verlagern, indem wir die zwei Rhythmen ins Gleichgewicht bringen und uns mit unserem InnSæi verbinden, sind wir besser in der Lage, Momente der Ehrfurcht zu erleben. Das wird sich auch auf die Fragen auswirken, die wir stellen, auf die Antworten, die wir annehmen, und auf die Art und Weise, wie wir die Ergebnisse nutzen. Hier habe ich diese Gedanken in ein Gedicht gefasst:

Wir
verbinden uns mehr
mit der Welt um uns herum
mit anderen.
Wir werden präsenter,
wagen uns ins Unbekannte hinein,
begegnen Fremden mit offenerem Herzen,
wer weiß, sie könnten uns Lehrer sein.
Wir missverstehen, verstehen, machen Fehler,

wir lachen,
vergessen die Zeit.
Wir achten darauf, worauf wir achten, ohne
zu urteilen,
während wir all das tun.
Wir sind Zeugen,
wir sind Entdecker,
Künstler im Herzen.
Wir erleben Augenblicke der Ehrfurcht,
knüpfen unverhofft Verbindungen,
erschaffen Kosmos aus dem Chaos,
wir gehen tiefer,
um menschlicher zu sein,
um uns wieder im Universum zu verorten,
indem wir das Universum
in uns entdecken.

Der aktuelle Zustand unseres Planeten sowie der Tiere und Menschen macht es erforderlich, dass wir das, was vor uns liegt, mit neuen Augen betrachten. Unsere Welt ist ein lebendiger Organismus, der eine veränderte Weltanschauung verlangt – einen ebenso tiefgreifenden Wandel wie den zu Kopernikus' heliozentrischem Weltbild (dass die Erde sich um die Sonne dreht und nicht umgekehrt) oder Darwins Theorie der Evolution und natürlichen Auslese. Diese beiden Theorien stellten die zu ihrer Zeit vorherrschende Weltanschauung infrage und erschütterten mächtige Institutionen bis in die Grundfesten. Die heutige Generation braucht ihren eigenen Kopernikanischen oder Darwinschen Moment, natürlich unabhängig vom Geschlecht der Personen, die ihn herbeiführen. Wir brauchen Vorstellungskraft, Neugier, ein Gefühl der Dringlichkeit und Liebe zu unserem Planeten, um den Schwerpunkt so zu verlagern, dass wir uns einbringen und einlassen. Wie wir von der Welt träumen, in der wir leben, wird unsere Identität definieren.

Niemand weiß, was die Zukunft bringt. Wir können Vorhersagen und Berechnungen anstellen und Erkenntnisse gewinnen, aber wirklich wissen können wir es nicht. Ungewissheit ist eine Konstante. Ich möchte, dass Sie voller Energie, engagiert und mit offenem Herzen in die unbekannte Zukunft gehen. Sich in bedrängten Zeiten ein offenes Herz zu bewahren, kann schwer sein, aber wir können auch Schweres schaffen. Jobs kommen und gehen, und Sie werden im Laufe Ihres Lebens viele verschiedene haben – manchmal auch mehrere gleichzeitig. Was Sie brauchen, ist ein starkes InnSæi, geistige Offenheit und breit gestreute Fähigkeiten, um weiten Horizonten entgegenzunavigieren. Ihre Erfahrung wird eine Rolle spielen, Ihre Ausbildung wird eine Rolle spielen. Aber wie gut Sie diese nutzen, um unendlich vielfältige Situationen und Aufgaben zu bewältigen, hängt von Ihrer Beziehung zu sich selbst ab, zu anderen Menschen und der Natur.

Eine der wichtigsten Gaben von InnSæi ist das Gefühl der Bestimmung und Sicherheit, das aus ihm entspringt. Wenn Sie mit Ihrem Inneren in Verbindung sind, haben Sie starke Wurzeln auf diesem Planeten, und Ihre Fähigkeit, den Weg zu finden, ist im Einklang mit Ihrer Seele. Von hier werden Sie immer das stärkste Gefühl des Verortetseins, der Orientierung und Sicherheit beziehen. Aus dieser Position heraus können Sie großzügig im Geiste sein und zugleich sich selbst treu bleiben.

## Furchtlos leben, im Einklang mit unserem InnSæi

Diese Furchtlosigkeit erstrebt der amor. Der amor als appetitus ist bestimmt durch das Was, dem er zustrebt. Dieses Was ist das Freisein von Furcht. [...] Diese Furchtlosigkeit existiert nur in der völligen Ruhe, die durch keine aus der Zukunft her zu erwartenden Ereignisse mehr zu erschüttern ist. [...] Nur das, was gegenwärtig ist, ist wirklich.

*Hannah Arendt, deutsche Philosophin, in* Der Liebesbegriff bei Augustin *(1929)*

Manche von uns sind Wegbereiter oder Pionierpflanzen, sie erschaffen die Saat und den Boden, auf dem langfristig das restliche Ökosystem wachsen kann. Andere ziehen es vor, diesen Boden zu nähren – wenn die Erde reichhaltig genug und voller unterschiedlicher Nährstoffe ist, wird Gutes daraus wachsen. Sie brauchen im Voraus nicht genau zu wissen, worin ihre Rolle besteht, sondern vertrauen fest auf den Prozess. Manche von uns tun sich schwer damit, harte Entscheidungen zu fällen oder Gewohntes loszulassen, während andere wie Lavaströme sind, die kühnen Zerstörer von Ökosystemen, die Neues gebären, einen jungfräulichen Nährboden schaffen, den neue Arten besiedeln können.

Andere warten vielleicht nur darauf, etwas später dazuzukommen, um das Wachstum oder das Gleichgewicht von etwas zu erhalten, das sich bereits zu einem stabileren Teil des Ökosystems entwickelt hat. Sie wollen vielleicht Teil des Kronenschlusses sein, die obersten Zweige von Bäumen, die ein durchgehendes Laubdach bilden und den Wald «überblicken». Angesichts des schnellen Wandels in der heutigen Welt wollen die «Laubdach-Leute» später vielleicht auch einmal Wegbereiter werden. Wer weiß? Sie brauchen nicht ewig ein und dieselbe Rolle zu spielen.

Ein geschlossenes Laubdach im Wald bekommt den größten Teil des Sonnenlichts ab, sodass die meisten Pflanzen darunter nicht so gut gedeihen können, schreibt Enric Sala in seinem Buch *Die Natur der Natur*. Bei einem Waldbrand verbrennt das Feuer normalerweise nur die oberste Bodenschicht, die Erde darunter bleibt intakt. «Dort finden sich Samen von Pflanzen, die nur auf ihre Chance gewartet haben, auch einmal das Licht der Sonne erblicken zu dürfen – buchstäblich», schreibt Enric. Wieder einmal eine Zeit für Pioniere. Wir wissen nie, was oder wer uns hinter der nächsten Wegbiegung erwartet. Veränderungen können beängstigend sein, aber viele Menschen finden sie auch spannend, weil sie wissen, dass die Veränderungen neue Blüten, Bäume, Pflanzen, Ideen bringen, neue Horizonte eröffnen.

Das Leben bietet uns eine reiche Vielfalt an Erfahrungen, schlimme, vergnügliche und alles dazwischen. Mit unserem InnSæi in Verbindung zu bleiben, hilft uns dabei, unseren Weg zu finden und an Chancen und Herausforderungen gleichermaßen zu wachsen. Mark Pollock weiß das nur zu gut.

«Manchmal suchen wir uns die Herausforderungen aus, und manchmal suchen die Herausforderungen uns aus. Was zählt, ist, wie wir dann damit umgehen, welche Entscheidungen wir treffen. So denke ich über alle Herausforderungen, und ich meine, darin liegt der Unterschied zwischen Fremdbestimmtheit und Selbstbestimmtheit.»

Mark hat aus den Prüfungen des Lebens gelernt, wie wertvoll eine resiliente Geisteshaltung ist. Er ist überzeugt, dass wir Realisten sein müssen, keine Optimisten:

> Angenommen, die Optimisten sitzen am äußersten linken Ende eines Kontinuums und die Pessimisten am anderen Ende. In der Mitte liegt die Akzeptanz. Am optimistischen Ende des Kontinuums ist Hoffnung, am pessimistischen Ende Verzweiflung. Wenn die Optimisten sich allein auf die Hoffnung verlassen, laufen sie Gefahr, enttäuscht zu werden, falls das Best-Case-Szenario nicht eintritt. Und der pessimistische Ansatz kommt, wie ich finde, gar nicht infrage. Die Realisten sitzen etwas neben der Mitte, zur hoffnungsvollen Seite hin. Sie haben genauso viel Hoffnung wie die Optimisten, aber zuerst akzeptieren sie ihre Lage so, wie sie ist. Sie lösen jede Spannung zwischen Akzeptanz und Hoffnung auf, indem sie beide parallel laufen lassen. Ich übe mich darin, ein Realist zu sein; das ist mein Verständnis davon, wie man resilient wird.

Im Einklang mit Ihrem InnSæi zu sein, heißt, Sie spüren das *innere Meer*, Sie können *nach innen sehen* und Sie *sehen von innen heraus*, während Sie auf dem Ozean des Lebens navigieren. Es ist wichtig, sich selbst zu kennen, Ihre Grenzen zu setzen, zu verstehen, dass Sie sich lebenslang verändern und wie das vonstattengeht. Der starke innere Kompass Ihres Inn-Sæi wird Sie befähigen, mit den Stürmen des Lebens fertigzuwerden, die richtigen Entscheidungen zu treffen und den Ball im Blick zu behalten, während Sie den größeren Zusammenhang spüren. Dafür müssen Ihre linke und rechte Gehirnhälfte – wie von Iain McGilchrist beschrieben – ausgewogen zusammenarbeiten und Ihre kreativen und analytischen, intuitiven und rationalen Rhythmen miteinander verweben. Finden Sie Zuflucht im Humor, und wenn es hilft, imaginieren Sie sich selbst als eine Amöbe, die zu immer unterschiedlichen Gestalten ausfließt und sich wieder zusammenzieht, während sie erkundet und ihren Weg findet.

Halten Sie Ihren inneren Kompass stark und flexibel genug, um sich laufend neu zu erfinden. «Wissen ist selten völlig abgetrennt von Macht, und Interpretation ist nur allzu oft ein Ausdruck von Bequemlichkeit», schreibt Wade Davis in *The Wayfinders*. Und er fügt hinzu: «Nicht jedes menschliche Verhalten muss man akzeptieren, nur weil es existiert.» Es gibt dort draußen endlos viele Interpretationen, die wir finden oder teilen können. Um uns herum tobt ein Informationssturm, und unsere Aufmerksamkeit ist heiß begehrt – sie ist eine furchtbar knappe Ressource und zugleich unsere ureigene Verbindung mit dem Kosmos in uns. Das Wichtigste ist, dass wir kritisch bleiben, wenn wir Informationen überdenken, verdauen und weiterverfolgen. Lernen Sie, nach innen zu lauschen; dort ist für Sie der sicherste Ort auf der Welt. Navigieren Sie in einer Weise, die Ihre Rhythmen vertieft, und erfreuen Sie sich daran, wer Sie sind und welche unvollkommene und schöne Bereicherung Sie in diese Welt bringen. Sowohl die Menschen als auch unser Planet Erde brauchen unseren konstruktiven, Leben spendenden Mut – «soweit ich weiß, gibt es keine Nachfrage nach Feiglingen», bemerkte Gerd Gigerenzer in unserem Gespräch für dieses Buch. Verbringen Sie Zeit mit sich selbst und seien Sie präsent, sodass Sie erleben können, wie InnSæi sich in Ihnen regt und wie seine Welleneffekte auf Ihre Umgebung wirken. Wie Hannah Arendt sagte: «Es steht uns frei, die Welt zu verändern und in ihr etwas Neues anzufangen.»

Es gibt Menschen, die glauben, die Welt gehöre ihnen, und es gibt solche, die glauben, sie gehören der Welt. Am Ende seines Buches *Die Natur der Natur* schreibt Enric Sala, es sei an der Zeit, dass der Mensch «aus seiner von ihm selbst beanspruchten Stellung im Zentrum der Welt» rückt und «zu einem demütigen und respektvollen Teilhaber an der größeren Biosphäre» wird.

Wir alle haben ein Bedürfnis nach Zugehörigkeit, um zu leben und zu gedeihen. Wir leben und interagieren als Teil eines Ganzen. Interaktion prägt die Realität, in ihr ist das Verständnis verkörpert, dass alles Teil eines großen, verbundenen Geflechts des Lebens ist. Sie ermutigt uns auch, unseren Geist auf Materie anzuwenden, die Alchemie zu wirken, die uns in Einklang mit der schönen Welt dort draußen bringt, uns so in Tätigkeiten zu vertiefen, dass wir das Zeitgefühl verlieren und vom Licht des Lebens erfüllt werden. In der heutigen Welt besitzen wir eine immense Macht, Leben auf der Erde zu fördern oder zu unterdrücken. Angesichts dessen glaube ich, eine tiefe Verbindung zu InnSæi wird uns nicht nur helfen, zu verstehen und bessere Entscheidungen zu treffen – sie wird uns auch befähigen, tiefere Täler und leuchtendere Farben zu sehen und wieder ein Gefühl der Ehrfurcht und des Staunens in unser Leben und das anderer Menschen zu bringen.

*Unsere wichtigsten Schlüssel zu InnSæi aus diesem Kapitel*

- ⋆ Die zwei Rhythmen und ein starker innerer Kompass sind ein modernes Navigationswerkzeug für Individuen und Gemeinschaften, um das Beste in uns zutage zu fördern.
- ⋆ Kreativität ist eine Geisteshaltung – wir ermöglichen sie in uns selbst und anderen.
- ⋆ Wir können unser InnSæi stärken oder unterdrücken.
- ⋆ Je mehr Erfahrung, Expertise und Selbstvertrauen wir haben, umso besser unser InnSæi.
- ⋆ Ein Flow-Zustand ist die tiefste Form der Aufmerksamkeit, zu der Menschen fähig sind.
- ⋆ Im Flow sind wir weniger selbstkritisch; unsere Fähigkeit, Muster zu erkennen, ist geschärft, und der Flow setzt unsere Kreativität frei.
- ⋆ Der Flow-Zustand steigert unser InnSæi und stärkt unsere Verbindung mit uns selbst, anderen Menschen und der Welt um uns herum.
- ⋆ Ehrfurcht ist ein Gefühl, das geistige Muster verändert und uns zu kreativeren und glücklicheren Menschen macht.
- ⋆ Dieses Buch wird Ihnen helfen, das *innere Meer* zum Fließen zu bringen, Ihren inneren Kompass zu schärfen und öfter Gefühle der Ehrfurcht und des Staunens zu erleben.

# Epilog

Ich habe dieses Buch für meine Töchter geschrieben, die gerade ins Erwachsenenleben eintreten, und für diejenigen unter Ihnen, die aus meinen Erfahrungen und Nachforschungen lernen und davon profitieren können, ganz gleich, in welchem Alter Sie sind. Es kann in dieser Welt schwer sein, sich nach innen zu verbinden und geerdet zu bleiben. Gründe dafür sind die vielfältigen Ablenkungen (gute wie schlechte), die unendlichen Möglichkeiten, die ständige Überflutung mit Informationen, Polarisierung, Gewalt, Trauer, Falschmeldungen und was sich oft wie eine extreme Manipulation unserer Überzeugungen und Sinne anfühlt.

Ich glaube, die Welt hat es dringend nötig, dass wir uns die Superkräfte von InnSæi zu eigen machen und unseren inneren Kompass stärken, um durch diese turbulenten Zeiten zu navigieren. Wenn ich mir anschaue, in welchem Zustand unsere Welt ist, während ich das hier schreibe – sei es im Hinblick auf die Klimakrise, den Zusammenbruch der Ökosysteme, gesellschaftliche Polarisierung, die Krise der steigenden Lebenshaltungskosten oder Kriege –, dann fürchte ich mitunter, wir könnten vergessen, dass wir alle Mitmenschen sind und uns eine gemeinsame Heimat teilen. Wir sind alle miteinander verbunden.

Wenn Sie mit Ihrem InnSæi in Kontakt treten und es nutzen wollen, spüren Sie danach, was Sie am meisten brauchen. Haben Sie das Bedürfnis, innere Gelassenheit zu finden und Ihren Geist zu beruhigen? Bei Ihren Gefühlen zu bleiben, sie zuzulassen und loszulassen? Geliebten Menschen von Ihrem InnSæi zu erzählen und davon, dass Sie es von nun an in Ihrem Leben mehr würdigen wollen? Oder möchten Sie tiefer in InnSæi eintauchen, um nicht nur Ihr persönliches Wohlbefinden zu verbessern? Es vielleicht für Ihre Gemeinschaft einsetzen, für ein Kreativprojekt oder dafür, im Beruf bessere Entscheidungen zu treffen? Was denken Sie – nun, da Sie dieses Buch zu Ende gelesen haben –, was Sie dabei unterstützen kann, im Einklang mit InnSæi zu leben? Notieren Sie es in Ihrem Tagebuch. Sie wissen am besten, was Sie gerade in diesem Moment brauchen. Sich mit InnSæi zu verbinden, hilft Ihnen dabei, es zu erkennen.

Ein guter Zugang zu unserem InnSæi erzeugt eine offenere, kreativere und kritischere Geisteshaltung und befähigt uns dazu, die Welt, in der wir leben, mit mehr Mitgefühl, Ehrfurcht, Mut und Liebe zu erfahren. InnSæi ist wie ein Muskel, den wir trainieren müssen. Je mehr wir es praktizieren, umso intuitiver wird es.

Wenn Sie die Übungen und das Tagebuchschreiben nicht bereits während der Lektüre dieses Buches praktiziert haben, dann empfehle ich Ihnen, jetzt damit anzufangen. Geben Sie sich dafür wenigstens zwei Monate Zeit. Wenn Sie einmal einen Tag auslassen, zerbrechen Sie sich nicht den Kopf darüber – machen Sie einfach am nächsten Tag weiter. Wenn Sie bereits während der Lektüre die Übungen gemacht und

Tagebuch geschrieben haben, rate ich Ihnen, nun ein paar der wichtigsten Punkte zu InnSæi auszuwählen, zwei bis fünf Tipps und Werkzeuge, und sie für die nächsten sechs bis acht Wochen in Ihren Tagesablauf einzubauen. Nach diesen sechs bis acht Wochen können Sie sie durch neue Werkzeuge und Übungen ersetzen, sofern Sie sich dazu bereit fühlen. Allmählich werden Sie das, was für Sie funktioniert, in Ihr Leben integrieren. Ein Werkzeug sollten Sie allerdings ständig nutzen: Achten Sie darauf, worauf Sie achten, und halten Sie es in Ihrem Tagebuch fest. Beurteilen Sie es nicht, dokumentieren Sie es nur. Es aufzuschreiben, ist viel wirksamer, als es nur zu denken oder laut auszusprechen. Das Tagebuchschreiben wird Ihnen helfen, präsenter und bewusster zu sein, und Sie können dabei die guten Ideen und Gedanken herauslassen, die Ihren Geist beschäftigen. Außerdem hilft es Ihnen, Klarheit zu gewinnen. Sie werden anfangen, die Gedanken, Ideen, Vorurteile oder Stimmen in Ihrem Kopf wahrzunehmen, die nicht hilfreich sind, nicht das Beste in Ihnen zum Vorschein bringen. Die wichtigsten Worte sind die, die wir im Stillen denken oder zu uns selbst sagen. Seien Sie offen für das Universum, das sich vor Ihnen entfalten wird, wenn Sie die Übungen und Werkzeuge in diesem Buch noch einmal durchgehen. Achten Sie darauf, wie Sie auf diese Offenheit reagieren, und notieren Sie es in Ihrem Tagebuch.

Währenddessen üben Sie bewusst den Umgang mit den zwei Rhythmen und lernen Sie, zwischen ihnen zu unterscheiden, um sich Ihr InnSæi zu eigen zu machen und Ihre Energie zu regenerieren. Denken Sie daran, Ihre Erfahrungen damit in Ihrem Tagebuch festzuhalten, und notieren Sie, was

Sie dabei entdecken. Teilen Sie Ihre Erkenntnisse mit anderen, es wird wahrscheinlich inspirierend wirken.

Sprechen Sie über InnSæi, teilen Sie Ihre Erfahrungen und Gedanken mit. Erzählen Sie Ihren Freundinnen, Kollegen und Ihrer Familie davon. Fragen Sie die anderen auch, wie ihre Erfahrungen damit aussehen und wie es in ihrem Leben in Erscheinung tritt, was passiert ist, wenn sie darauf gehört haben, und was, wenn nicht. Hören Sie intensiv zu, was die anderen sagen, denn Zuhören ist eine Kunst, die dazu beiträgt, dass InnSæi in der Welt wirkt. Und denken Sie immer daran, Menschen drücken sich durch unterschiedliche Sprachen, Vokabulare, Gestik, Mimik und Erzählungen aus, die sich vielleicht von Ihren eigenen Denkweisen unterscheiden. Versetzen Sie sich in die anderen hinein, um ihre Situation wirklich zu verstehen. Achten Sie darauf, was das bei Ihnen bewirkt.

Lernen Sie wahrzunehmen, was Sie auslaugt und woraus Sie Energie schöpfen. Die Art und Weise, wie wir unsere Aufmerksamkeit einsetzen, füllt unsere Speicher und formt unsere Intelligenz. Wenn wir alle uns auf dieselben Dinge fokussieren, denken wir in ähnlichen Bahnen. Wenn wir in der Lage sind, unsere Aufmerksamkeit bewusster zu steuern und zu weiten, gelingt es uns besser, unser InnSæi und unsere Intuition zu nutzen. Wir spüren den Unterschied in unserem Wohlbefinden, unserer Energie, unseren kreativen Fähigkeiten und unserem Willen, etwas zu bewirken.

Während Sie bewusst und achtsam zwischen unterschiedlichen Standpunkten, Informationen, Erkenntnissen und Theorien, altem und neuem Wissen navigieren, nutzen Sie all das, um Ihr InnSæi zu schärfen. Stellen Sie sich Ihr Inn-

Sæi als ein Prisma vor, durch das Sie diese unterschiedlichen Sichtweisen brechen. Nehmen Sie die Gedanken und verkörperten Gefühle wahr, die das in Ihnen hervorruft. Halten Sie Ihre Reaktionen in Ihrem Tagebuch fest – worin bestärken sie Sie, was lernen Sie daraus? Machen Sie sich keine Sorgen, wenn Sie Ihre Gedanken und Reaktionen nicht rationalisieren können – nehmen Sie sie einfach nur zur Kenntnis und dokumentieren Sie sie. Welche neuen Verbindungen können Sie vielleicht zwischen Informationen herstellen, die auf den ersten Blick nichts miteinander zu tun hatten?

Ich wünsche Ihnen auf Ihrer Reise mit und zu InnSæi alles Gute. Seien Sie mutig, bewahren Sie sich einen kritischen Geist und ein offenes Herz. Wenn Sie sich gern austauschen und mehr erfahren möchten, folgen Sie mir in den sozialen Medien und besuchen Sie meine Website hrundgunnsteinsdottir.com.

In Liebe und Achtung
Hrund

# Danksagung

Das Leben ist größtenteils Empfindung und nur teilweise in Sprache gefasst, und genau so fing auch meine Arbeit zu InnSæi und diesem Buch an. Ich konnte es empfinden und spüren, doch es fiel mir zunächst sehr schwer, es mit Worten zu erklären.

In meiner Forschung habe ich großen Wert darauf gelegt, mir einen offenen, kreativen und kritischen Geist zu bewahren, während ich mich mit einer Vielzahl von Fachrichtungen, Praktiken und Denkschulen aus unterschiedlichen Kulturen und Abschnitten der Geschichte beschäftigte. Ich habe gelesen, zugehört, Gespräche geführt und praktisch geübt, um das Bewusstsein und InnSæi besser zu verstehen. Wenn ich eines daraus gelernt habe, dann ist es, wie wahr Carl Sagans Worte sind: «Weisheit liegt darin, unsere Grenzen zu verstehen.» Zu akzeptieren, dass wir nicht alles wissen, ist Teil der Logik des *inneren Meeres*. Im Laufe der Geschichte haben wir es in Worten, Gedichten, Metaphern, Mythen, Bildern, Anekdoten und wissenschaftsbasierter Forschung interpretiert und ausgedrückt. Über die Jahre haben viele Menschen mir geholfen, InnSæi zu verstehen und zu erklären.

Meine Tätigkeit im Kosovo nach dem Krieg hat mich dabei unterstützt zu verstehen, welche fundamentale Rolle InnSæi für Entscheidungsfindung, Strategie und soziale Kompetenz spielt. Allerdings ignorierte ich mein InnSæi im Hinblick auf meine eigene Gesundheit. Danke an die starken Frauen im Kosovo, an Flora Macula für unsere einzigartige Zusammenarbeit, Freundschaft und ihren herausragenden Sinn für Humor selbst in den härtesten Zeiten. Mein Freund, der Schriftsteller und Künstler Þorvaldur Þorsteinsson, der inzwischen leider viel zu früh verstorben ist, half mir, mich wieder mit meiner kreativen Quelle zu verbinden, als ich sie aus dem Blick verloren hatte. Er lehrte mich einige der wichtigsten Lektionen, die ich in diesem Buch vermittle und selbst auch weiterhin praktiziere. Ein großes Dankeschön an Gunnlaug J. Magnúsdóttir, die in mein Leben trat, als ich ihre Hilfe am dringendsten brauchte. Sie lehrte mich, wieder zu schlafen, zu mir selbst zurückzufinden und was es bedeutet, InnSæi zu verkörpern. Sie war eine große Inspiration für meine Arbeit mit den zwei Rhythmen und ermutigte mich in unvergleichlicher Weise, in Projekten wie Prisma und dem Dokumentarfilm *InnSæi* meine Stimme hinaus in die Welt zu bringen. Ich bin auch der Schauspielerin und Regisseurin Margrét Vilhjálmsdóttir zu Dank verpflichtet, die mich mit dem Werk von Marilyn French und Wangari Maathai bekannt machte und mich wichtige Lektionen über die Beziehung zwischen künstlerischer Vision, Verspieltheit, unerschütterlicher Entschlossenheit und Führungsqualitäten lehrte.

Im akademischen und Bildungsbereich schulde ich Svafa Grönfeld Dank, der ehemaligen Dekanin der Universität von Reykjavik, die mir Gelegenheit gab, meine erste Lehrveranstaltung im Business Department zu entwickeln und zu leiten, basierend auf den zwei Rhythmen und einem starken inneren Kompass. Ein riesengroßes Dankeschön auch an Hjálmar Ragnarsson, den Dekan der Arts Academy, und seine Kolleginnen und Kollegen an der Arts Academy, der University of Bifröst und der Reykjavík Academy; Jóna Finnsdóttir, Ágúst Einarsson, Jón Ólafsson and Viðar Hreinsson dafür, dass sie mir zugetraut haben, das Universitätsmodul Prisma zu konzipieren und zu leiten, das wir auf den Weg brachten, kurz nachdem Ende 2008 die Finanzkrise Island getroffen hatte. Es war eine fantastische Gelegenheit, das Konzept der zwei Rhythmen und eines scharfen inneren Kompasses weiterzuverfolgen und daraus ein strukturiertes, fachübergreifendes akademisches Lernmodul zu entwickeln. Mit im Boot war eine breit gefächerte Gemeinschaft aus einigen der prominentesten Stimmen Islands und Praktikern aus dem akademischen Bereich, den Künsten, den Medien, dem privaten und öffentlichen Sektor.

Die Beteiligten sind zu zahlreich, als dass ich sie hier alle nennen könnte, aber sie werden wissen, dass sie gemeint sind: Danke, dass Sie Ihren wertvollen Beitrag zu Prisma geleistet haben, vermittelt in einer Weise, die bei denen, die zugehört und teilgenommen haben, einen bleibenden Eindruck hinterlassen hat.

Mein tiefster Dank für Prisma richtet sich auch an die fantastische Gruppe der Studierenden aus allen Gesellschaftsschichten und den unterschiedlichsten Lebenssituationen. Sie haben mich so viel gelehrt, ebenso wie meine engsten Mitstreiter, die wahren Schamanen und Ermöglicher von Prisma, die unsere Studierenden mit Liebe, Weisheit und

Hingabe durch die unkonventionelle Methodologie geführt haben, um bei allen das Beste zutage zu fördern: Hildigunnur Sverrisdóttir, Sólveig Ólafsdóttir, Sigurður Jónas Eysteinsson und Hallmar Sigurðsson, der viel zu früh von uns gegangen ist und uns sehr fehlt.

Nach Prisma wollte ich InnSæi und die zwei Rhythmen in einem neuen Kontext erkunden. Meine im Vereinigten Königreich lebende Freundin, die Filmproduzentin und Regisseurin Kristín Ólafsdóttir, teilte diese Leidenschaft, und 2010 präsentierte ich ihr einen Entwurf zu einem Dokumentarfilm auf Englisch mit dem Titel *InnSæi*. Ich bin ihr immens dankbar dafür, dass sie an die Idee und an mich als angehende Filmemacherin geglaubt hat. Ich bewundere, wie sie als Vorreiterin InnSæi in die Welt hinausgetragen hat, ich bewundere ihren Mut als Filmemacherin und Produzentin und ihr Talent dafür, in der Redaktion die Essenz komplexer Botschaften herauszuarbeiten. Danke an unser wunderbares, überwiegend weibliches Produktions- und Redaktionsteam, Sandra Tabares-Duque, Faye, Heather Millard, Al Morrow, Lindy Taylor, Sotira Kyriacou und Nick Fenton. Und an die Künstler und Musiker, die den Schlüsselbotschaften des Films Leben eingehaucht haben, Úlfur Eldjárn, Högni Egilsson, Linda Loeskow, Tim Borgmann – danke für das Mentorat, das gemeinsame Schaffen und die unvergesslichen Momente.

Mein Dank gilt ferner Robert Bringhurst, dem kanadischen Dichter, Typografen und Autor von *The Tree of Meaning: Language, Mind and Ecology*; Shirin Neshat, Fotografin und Künstlerin; Gordon Torr, Autor von *Managing Creative People*; Dadi Janki, spirituelle Führerin und ehemalige Leiterin von Brahma Kumaris; der Ökofeministin und Schriftstellerin Starhawk; und meinen Freunden Olivier Oullier, Neurowissenschaftler, Unternehmer und DJ, sowie dem Künstler Guðmundur Oddur Magnússon – sie waren wesentlich an den Interviews für den Film *InnSæi* beteiligt. Danke auch an Sigridur Thorgeirsdottir, Henry Alexander Henrysson, Fridgeir Einarsson, Gudrun Nordal, Ellert Þór Jóhannsson und viele weitere für die Gespräche, die mir den Mut gegeben haben, das Wort InnSæi in der isländischen Sprache aufzuschließen.

Gleichfalls inniger Dank gebührt den Interviewten, die in der finalen Fassung des Films gezeigt werden: der Performancekünstlerin Marina Abramović, der spirituellen Führerin Marti Spiegelman, Shylo Robinson, dem Schamanen und Autor Malidoma Patrice Somé, dem Harvard-Professor für Managementpraktik Bill George, der Harvard-Verhaltensökonomin Iris Bohnet sowie meiner Freundin, der Pionierin Tan Le, und meinem Freund Daniel Shapiro, Gründer und Direktor des Harvard International Negotiation Program. Ein ganz besonderer Dank geht auch an meinen Freund Enric Sala, den ich ebenfalls für dieses Buch interviewte, und an Iain McGilchrist, der wesentlich an dem Film und an diesem Buch mitgewirkt hat. Anna Garðarsdóttir, Gudrun Nordal, Gerd Gigerenzer, Mark Pollock, Rebekah Granger-Ellis und Angela Farmer bin ich tief verbunden für die nährenden Gespräche und dafür, dass sie mir ihre Weisheit und ihre Geschichten für dieses Buch anvertraut haben.

April Rinne, Jerry Mikalsky, Valerie Keller, Sasja Beslik, Felicity Von Peter, Joanna Sparber, Lisa Witter, Michele Wucker und Álvaro Fernández Ibánez danke ich für ihre Mithilfe dabei, InnSæi in die Welt hinauszutragen. Gemma Mortensen und Emma Sky, danke für die Freundschaft und Unterstützung, die Wanderungen und die kreativen Beiträge. Danke an Julia Novy-Hildesley dafür, dass sie meine Töchter und mich ins Herz des peruanischen Amazonas-Regenwaldes geführt und uns tiefer in der überwältigenden Schönheit und den komplexen Ökosystemen der Erde verwurzelt hat.

Andrea und Hrönn, danke für eure Liebe, euren Humor und dafür, dass ihr immer für mich da wart. Danke, Regína, Henry, Rósa, Snæbjörn, Ragna, Louise, Selma, Birna und Björk für eure Freundschaft und Unterstützung. Sigurjón Eiðsson, dem Vater meiner Töchter und 24 Jahre lang mein Partner, danke für alles. Danke an meine Geschwister Sif, Guðný und Skúli, die mich durch dick und dünn begleitet und beschützt haben. Ich werde nie zugeben, eine fordernde jüngste Schwester zu sein, aber ich werde allen erzählen, dass ihr meine Welt rockt. An meine Eltern Gunnsteinn Skúlason und Sigrún Gunnarsdóttir – danke für die Kunst und den Unternehmergeist, die Liebe und bedingungslose Unterstützung.

Ich bin meiner Agentin Jane Graham-Maw zutiefst dankbar, dass sie mich Ende 2020 aus dem Meer der Autorinnen und Autoren herausgefischt, mir eine Chance gegeben und mich mit Rat und Geduld durch dieses Projekt begleitet hat. Mein inniger Dank gilt auch meinen brillanten Lektorinnen bei Bonnier Books: Editorial Director Michelle Signore und Assistant Editor Lucy Tirahan.

Eines der schönsten und reichsten Geschenke des Lebens kam aus dem Prozess der Arbeit an diesem Buch. An meine

Liebe, Alfreð Gíslason, von ganzem Herzen danke dafür, dass du überhaupt in das Interview mit mir eingewilligt hast und für alles, was sich daraus entwickelt hat – auch für die Passionsfrüchte, die Welt des Oktopus und die vielen Tassen Tee, die mir geholfen haben, dieses Manuskript fertigzustellen.

Ich habe dieses Buch für meine größten Lehrerinnen und das wunderbarste Geschenk des Lebens geschrieben, meine Töchter Rán und Sif. Seid mutig und bewahrt euch ein offenes Herz. Ich liebe euch.

# Quellen

## Interviews, die für dieses Buch geführt wurden

Anna Garðarsdóttir, B. Sc., Physiotherapeutin. 24. Februar 2023.

Angela Farmer, Yogalehrerin. 15. November 2019.

Alfred Gislason, isländischer Handballtrainer und ehemaliger Spieler, derzeit Trainer der deutschen Handball-Nationalmannschaft. 7. und 25. März 2022.

Gerd Gigerenzer, Psychologe, Autor und ehemaliger Direktor am Max-Planck-Institut. 8. März 2023.

Gudrun Nordal, Leiterin des Árni-Magnússon-Instituts für Islandstudien. 10. August 2022.

Iain McGilchrist, Psychiater und Autor von *The Master and His Emissary* und *The Matter With Things*. 25. Februar 2023.

Mark Pollock, international tätiger Motivationscoach, Entdecker und Autor. 31. März 2022 und 5. April 2023.

Dr. Rebekah Granger-Ellis, Expertin für Neurogesundheit und Neurobiologie des Lernens. 15. September 2022.

Daniel L. Shapiro, Gründer und Direktor des Harvard International Negotiation Program. 3. Mai 2023.

Das Buch baut auch auf Recherchen und Texten für den Dokumentarfilm *InnSæi – the Sea Within* (deutscher Titel *InnSæi – Die Kraft der Intuition*) auf, den ich geschrieben und für den ich gemeinsam mit der Produzentin Kristin Ólafsdóttir Regie geführt habe. Die im Film gezeigten Interviews mit folgenden Personen sind ebenfalls in dieses Buch eingeflossen:

Marina Abramović, Performancekünstlerin.
Daniel Shapiro, Gründer und Direktor des Harvard International Negotiation Program.
Iain McGilchrist, Autor und Psychiater.

## Einleitung

*Cosmos* (1980). Regie: Carl Sagan. [TV-Miniserie]. (dt.: *Unser Kosmos.*) https://www.imdb.com/title/tt0081846/?ref_=tt_ch (abgerufen am 16.9.2023)

## Kapitel 1: Was ist InnSæi?

Malcolm Gladwell (2005): *Blink*. Boston: Little Brown (dt.: *Blink!: Die Macht des Moments*, übers. von Jürgen Neubauer, Frankfurt a. M.: Campus 2005).
Sigurdur Nordal. https://yourfriendinreykjavik.com/special-icelandic-words/ (abgerufen am 27.8. 2023).
Annie Besant (1916): *Lífsstiginn*. Aus dem Englischen übers. von Sig. Kristófer Pétursson.
Global Language Monitor: https://languagemonitor.com/number-of-words-in-english/no-of-words/ (abgerufen am 27. 8. 2023).
Julie Tseng und Jordan Poppenk (2020): «Brain meta-state transitions demarcate thoughts across task contexts explosing the mental noise of trait neuroticism». *Nature communications*, 13. Juli 2020. https://www.nature.com/articles/s41467-020-17255-9
John Jennings (2022): «How Many Thoughts Do We Have A Day?» https://johnmjennings.com/how-many-thoughts-do-we-have-a-day/ (abgerufen am 16. 9. 2023).
Yuval Noah Harari (2014): *Sapiens: A Brief History of Humankind*. New York: Harper. (dt.: *Eine kurze Geschichte der Menschheit,*

übers. von Jürgen Neubauer, München: Deutsche Verlags-Anstalt 2013).

Carlo Rovelli (2021): Helgoland: Making Sense of the Quantum Revolution. London: Penguin (dt.: *Helgoland: Wie die Quantentheorie unsere Welt verändert*, übers. von Enrico Heinemann, Hamburg: Rowohlt 2021).

Carlo Rovelli (2022): «The big idea: why relationships are the key to existence. From subatomic particles to human beings, interaction is what shapes reality.» *Guardian*. https://www.theguardian.com/books/2022/sep/05/the-big-idea-why-relationships-are-the-key-to-existence (abgerufen am 28.8.2023).

Anne Lamott (1995): *Bird by Bird: Some Instructions on Writing and Life*. New York: Knopf Doubleday (dt.: *Bird by Bird – Wort für Wort. Anleitungen zum Schreiben und Leben als Schriftsteller*, übers. von Kerstin Winter, Berlin: Autorenhaus Verlag 2004).

Dax Shepard (2023): «Kelly Slater». *Armchair Expert*. [Podcast]. Spotify. https://armchairexpertpod.com/pods/kelly-slater (00:56:00) (abgerufen am 31.10.2023).

Bruce Kasanoff (2017): «Intuition is the Highest Form of Intelligence», Interview mit Gerd Gigerenzer in *Forbes Newsletter*. https://www.forbes.com/sites/brucekasanoff/2017/02/21/intuition-is-the-highest-form-of-intelligence/?sh=78b5f57d3860 (abgerufen am 28.8.2023).

Gerd Gigerenzer (2008): *Gut Feelings: The Intelligence of the Unconscious*. London: Penguin (dt.: *Bauchentscheidungen: Die Intelligenz des Unbewussten und die Macht der Intuition*, übers. von Hainer Kober, München: Goldmann 2008).

Iain McGilchrist (2021): *The Matter With Things: Our Brains, Our Delusions, and the Unmaking of the World*. London: Perspectiva Press. S. 673–778.

Gerd Gigerenzer, Mirta Galesic, Rocio Garcia-Retamero (2014): «Stereotypes About Men's and Women's Intuitions: A Study of Two Nations». *Journal of Cross-Cultural Psychology* 45 (I), S. 62–81.

George Land und Beth Jarman (1993): *Breakpoint and Beyond*. San Francisco: Harper Business.

George Land (2011): *The Failure of Success*. 06:08. TED. [YouTube-Video]. https://www.youtube.com/watch?v=ZfKMq-rYtnc (abgerufen am 29. 8. 2023).

Wilma Koutstaal (2013): *The Agile Mind*. Oxford: Oxford University Press.

Susan Sontag (1966): *Against Interpretation and Other Essays*. London: Penguin (teilweise deckungsgleich mit: *Kunst und Antikunst: Essays*, übers. von Mark W. Rien, Reinbek: Rowohlt 1968).

Dr. Nicole LePera (2021): *How To Do The Work: Recognize Your Patterns, Heal from Your Past, and Create Your Self*. London: Orion (dt.: *Heile. Dich. Selbst.: Warum auch kleinste seelische Verletzungen große Folgen haben – und wie du dich davon befreien kannst*, übers. von Elisabeth Liebl, Göttingen: Arkana 2021).

Thich Nhat Hanh (2022): *What does it mean to go home to yourself?* https://youtu.be/zqfcWWJHKFc (abgerufen am 29. 8. 2023).

Norman Doidge (2007): *The Brain That Changes Itself*. New York: Penguin Random House (dt.: *Neustart im Kopf: Wie sich unser Gehirn selbst repariert*, übers. von Jürgen Neubauer, Frankfurt a. M.: Campus 2008).

Brian G. Ogolsky et al. (2021): «Spatial proximity as a behavioral marker of relationship dynamics in older adult couples». *Journal of Social and Personal Relationships*. https://www.news-medical.net/news/20211117/Heart-rates-of-older-couples-synchronize-when-they-are-close-together.aspx (abgerufen am 11. 9. 2023).

Christine Dell'Amore (2011): «Your heart can sync with a loved one's». *National Geographic News*. https://www.nationalgeographic.com/science/article/110504-fire-walking-hearts-beat-science-health-heartbeats (abgerufen am 11. 9. 2023).

Heenam Yoon, Sang Ho Choi, Sang Kyong Kim, Hyun Bin Kwon, Seong Min Oh, Jae-Won Choi, Yu Jin Lee, Do-Un Jeong und Kwang Suk Park (2019): «Human heart rhythms synchronize while co-

sleeping». *Frontiers in Physiology*. https://www.frontiersin.org/articles/10.3389/fphys.2019.00190/full (abgerufen am 11.9.2023).
J. Andrew Armour M. D., Ph. D. (1991): «Intrinsic Cardiac Neurons». *Journal of Cardiovascular Electrophysiology*. https://doi.org/10.1111/j.1540-8167.1991.tb01330.x (abgerufen am 30.8.2023).
Thomas R. Verny (2021): *The Embodied Mind. Understanding the Mysteries of Cellular Memory, Consciousness, and Our Bodies.* London: Pegasus Books. S. 118.
HeartMath Institute (2015): *Science of the Heart. Exploring the Role of the Heart in Human Performance*. Boulder Creek, Cal.: HeartMath. https://www.heartmath.org/research/science-of-the-heart/ (abgerufen am 30.8.2023).
Iain McGilchrist (2021): *The Matter With Things: Our Brains, Our Delusions, and the Unmaking of the World*. S. 679 über «den Bauch» unter Bezugnahme auf Furness, Callaghan, Rivera et al. (2014): «The enteric nervous system and gastrointestinal innervation: integrated local and central control», *Advances in Experimental Medicine and Biology* 817, S. 39–71; und Roth und Dicke (2005): «Evolution of the brain and intelligence», *Trends in Cognitive Sciences* 9(5), S. 250–257. London: Perspectiva.
David Robson (2022): «Intuition: When is it right to trust your gut instincts?» *BBC Worklife*. https://www.bbc.com/worklife/article/20220401-intuition-when-is-it-right-to-trust-your-gut-instincts (abgerufen am 11.9.2023).
Übungen für den Vagusnerv sind online zu finden. Diese sind angeregt durch meinen Kurs mit Dr. Rebekah Granger-Ellis bei der IMAGINE Leadership Experience in Oxford im September 2022.
Linda Geddes (2023): «The key to depression, obesity, alcoholism – and more? Why the vagus nerve is so exciting to scientists». *The Guardian*. https://www.theguardian.com/society/2023/aug/23/the-key-to-depression-obesity-alcoholism-and-more-why-the-vagus-nerve-is-so-exciting-to-scientists (abgerufen am 17.9.2023).

Das Anxiety Recovery Centre in Victoria, Australien, bietet einen Überblick, was der Vagusnerv für uns tut, sowie eine Liste von Übungen, mit denen wir ihn aktivieren und unseren Organismus beruhigen können. https://www.arcvic.org.au/34-resources/402-vagus-nerve-exercises (abgerufen am 11. 9. 2023).
Iain McGilchrist (2021): *The Matter With Things*. London: Perspectiva Press.

## Kapitel 2: Die heilende Kraft von InnSæi

*ZaMir: Peace Network in the War Zone.* Part II. http://mediafilter.org/MFF/ZTNinWZ2.html (abgerufen am 17.9.2023).
*Zamir* (kurze Geschichte und weitere Quellen) https://monoskop.org/Zamir (abgerufen am 17.9.2023).
Julian Ring (2023): «30 years ago, one decision altered the course of our connected world.» *Npr.* https://tinyurl.com/s7jbuvsb (abgerufen am 17.9.2023).
Esteban Ortiz-Ospina (2019): «The rise of social media». *Our World in Data.* https://ourworldindata.org/rise-of-social-media (abgerufen am 17.9.2023).
John Grant (2013): «Glacier», in *Pale Green Ghosts* (Bella Union). https://www.songfacts.com/facts/john-grant/glacier.
Michael Cragg (2014): «John Grant – Glacier: New Music». *The Guardian.* https://www.theguardian.com/music/2014/jan/15/john-grant-glacier (abgerufen am on 2. 9. 2023).
Thich Nhat Hanh (2014): *No Mud, No Lotus: The Art of Transforming Suffering*. Parallax Press (dt.: *Ohne Schlamm kein Lotos: Die Kunst, Leid zu verwandeln.*, übers. von Ursula Richard, München: Nymphenburger 2014).
https://thichnhathanhquotecollective.com/2018/12/25/the-tree-of-enlightenment/ (abgerufen am 2.9.2023).

https://thichnhathanhfoundation.org/thich-nhat-hanh (abgerufen am 2.9.2023).

*Unbreakable: The Mark Pollock Story* (2015). Regie: Ross Whittaker. [Fernsehdokumentation]. Indigenius.

Mark Pollock (2018): «A love letter to realism in a time of grief». *TED*. [YouTube-Video] https://www.ted.com/talks/mark_pollock_and_simone_george_a_love_letter_to_realism_in_a_time_of_grief (abgerufen am 3.9.2023).

Emily Kitazawa (2022): «Your Body Budget: Lisa Feldman's New Kind of Self-Care». *Shortform*. https://www.shortform.com/blog/body-budget-lisa-feldman/ (abgerufen am 3.9.2023).

Dr. Nicole LePera (2021): *How To Do The Work*. Harper Wave. Hörbuch (dt.: *Heile. Dich. Selbst.: Warum auch kleinste seelische Verletzungen große Folgen haben – und wie du dich davon befreien kannst*, übers. von Elisabeth Liebl, Göttingen: Arkana 2021).

C. Osorio, T. Probert, E. Jones, A. H. Young und I. Robbins (2017): «Adapting to stress: understanding the neurobiology of resilience», *Behavioral Medicine* 43(4), S. 307–322. https://pubmed.ncbi.nlm.nih.gov/27100966/ (abgerufen am 11.9.2023).

R. Granger-Ellis und R. Speaker, Jr. (2017): «Merging neuroscience and education: immersing affective-behavioral-cognitive instruction within the constructs of the academic curriculum». *International Conference on Education and New Learning Technologies* 654. http://lib.uib.kz/edulearn17/proceedings/papers/1137.pdf (abgerufen am 11.9. 2023).

B. J. Lukey und V. Tepe (2008): *Biobehavioral resilience to stress*. London: Taylor and Francis.

Wangari Maathai (2006): *Unbowed. A memoir*. New York: Knopf (dt.: *Afrika, mein Leben: Erinnerungen einer Unbeugsamen*, übers. von Ursula Wulfekamp, Köln: DuMont 2008).

Deborah Inanna Krenza (2011): «The Myth of Inanna». [YouTube-Video] www.gatesofinanna.com/myth-of-inanna (abgerufen am 10.10.2023).

Joshua J. Mark (2011): «Inanna's Descent: A Sumerian Tale of Injustice». *World History Encyclopaedia.* https://www.worldhistory.org/article/215/inannas-descent-a-sumerian-tale-of-injustice/ (abgerufen am 10.10.2023).

## Kapitel 3: Das innere Meer

Nathan Chandler (2023): «What is the Butterfly Effect and How do we Misunderstand it?» *How Stuff Works.* https://science.howstuffworks.com/math-concepts/butterfly-effect.htm (abgerufen am 4.9.2023).

Marina Abramović (2010): «The Artist is Present». *MOMA.* https://www.moma.org/learn/moma_learning/marina-abramovic-marina-abramovic-the-artist-is-present-2010/ (abgerufen am 4.9.2023).

Johann Hari (2022): «The Attention Crisis». *Chasing Consciousness.* [Podcast] https://www.chasingconsciousness.net/episode-17-the-attention-defecit-crisis-yohann-hari (abgerufen am 31.10.2023).

Marina Abramović (2011): «Measuring the Magic of Mutual Gaze». *Eric Forman Studio.* https://www.ericforman.com/marina-abramovic-mutual-gaze (abgerufen am 4.9.2023).

Claire Sissons (2020): «What is the Average Percentage of Water in the Human Body?» *Medical News Today.* https://www.medicalnewstoday.com/articles/what-percentage-of-the-human-body-is-water (abgerufen am 17.9.2023).

Robert Krulwich (2013): «Born Wet, Human Babies Are 75 Percent Water. Then Comes The Drying.» *NPR.* https://www.npr.org/sections/krulwich/2013/11/25/247212488/born-wet-human-babies-are-75-percent-water-then-comes-drying (abgerufen am 17.9.2023).

Ocean Physics at NASA. https://science.nasa.gov/earth-science/oceanography/living-ocean (abgerufen am 17.9.2023).
NOAA (2023): «How much oxygen comes from the ocean?» *National Oceanic and Atmospheric Administration*. https://tinyurl.com/3m3m4sze (abgerufen am 17.9.2023).
National Geographic Society (2023): «Chlorophyll». *National Geographic*. https://education.nationalgeographic.org/resource/chlorophyll/ (abgerufen am 17.9.2023).
Azadeh Ansari (2015): «Blind and Paralyzed, an Adventurer Takes New Steps». *CNN*. https://edition.cnn.com/2015/10/09/health/turning-points-blind-paralysis-exoskeleton/index.html (abgerufen am 15.9.2023).
Number of social media users worldwide from 2017 to 2027. *Statista*. https://www.statista.com/statistics/278414/number-of-worldwide-social-network-users/ (abgerufen am 15.9.2023).
Iain McGilchrist (2021): *The Matter With Things: Our Brains, Our Delusions, and the Unmaking of the World*. London: Perspectiva Press.
Johann Hari (2022): *Stolen Focus*. New York: Crown Publishing Group (dt.: *Abgelenkt: Wie uns die Konzentration abhandenkam und wie wir sie zurückgewinnen*, übers. von Simone Fischer, München: riva Verlag 2022).
Mike Oppland (2016): «8 Traits of Flow According to Mihaly Csikszentmihalyi». Scientifically reviewed by Melissa Madeson, Ph.D. *Positive Psychology*. https://positivepsychology.com/mihaly-csikszentmihalyi-father-of-flow/ (abgerufen am 5.9.2023).
Mihaly Csikszentmihalyi (2008): *Flow: The Psychology of Optimal Experience*. Wicklow, Irland: Harper Perennial (dt.: *Flow: Das Geheimnis des Glücks*, übers. von Annette Charpentier, Stuttgart: Klett-Cotta 2010).
Iain McGilchrist (2012): The Master and His Emissary: The Divided Brain and Making of the Western World. New Haven, Connecticut: Yale University Press.

Johan Rockström und Owen Gaffney (2021): *Breaking Boundaries: The Science of Our Planet*. London: DK, Penguin Random House.

Johan Rockström und Mattias Klum (2012): *The Human Quest* (Swedish edition). Stockholm: Bokforlaget Max Strom.

Wade Davis (2009): *The Wayfinders: Why Ancient Wisdom Matters in the Modern World*. Toronto: House of Anansi Press.

Enric Sala. [Website] https://www.enricsala.com/pristine-seas (abgerufen am 6.9.2023).

*Hokulea: Polynesian Voyaging Society.* [Website] https://hokulea.com/ (abgerufen am 6.9.2023).

Mihaly Csikszentmihalyi (2008): *Flow: The Psychology of Optimal Experience*. Wicklow, Irland: Harper Perennial (dt.: *Flow: Das Geheimnis des Glücks*, übers. von Annette Charpentier, Stuttgart: Klett-Cotta 2010).

Johann Hari (2022): «Your attention didn't collapse. It was stolen». *The Guardian*. https://www.theguardian.com/science/2022/jan/02/attention-span-focus-screens-apps-smartphones-social-media

## Kapitel 4: Nach innen sehen

*Cosmos* (1980). Regie: Carl Sagan. [TV-Miniserie]. (dt.: *Unser Kosmos*.) https://www.imdb.com/title/tt0081846/?ref_=tt_ch (abgerufen am 16.9.2023)

Herbert A. Simon (1971): «Designing organizations for an information-rich world». In: M. Greenberger (Hrsg.): *Computers, Communications and the Public Interest*. Baltimore, MD: Johns Hopkins University Press, S. 37–52. https://web.archive.org/web/20201006235931/https:/digitalcollections.library.cmu.edu/awweb/awarchive?type=file&item=33748 (abgerufen am 6.9.2023).

Yuval Noah Harari (2016): *Homo Deus: A Brief History of Tomorrow.* London: Harvill Secker (dt.: *Homo deus: eine Geschichte von Morgen,* übers. von Andreas Wirthensohn, München: C.H. Beck 2017).
«Number of social media users worldwide from 2017 to 2027». *Statista.* https://www.statista.com/statistics/278414/number-of-worldwide-social-network-users/ (abgerufen am 6.9.2023).
Matthew Field (2023): «Mark Zuckerberg cements dominance as Facebook tops 3 billion monthly users». *The Telegraph.* https://www.telegraph.co.uk/business/2023/07/26/mark-zuckerberg-cements-dominance-as-facebook-tops-3-bn/ (abgerufen am 6.9.2023).
Ani Petrosyan (2023): «Number of internet and social media users worldwide as of October 2023». *Statista.* https://www.statista.com/statistics/617136/digital-population-worldwide (abgerufen am 6.9.2023).
Adam Hayes (2023): «The Human Attention Span». *Wyzowl.* https://www.wyzowl.com/human-attention-span (abgerufen am 7.9.2023).
Jon Simpson (2017): «Finding Brand Success in the Digital World». *Forbes.* https://www.forbes.com/sites/forbesagencycouncil/2017/08/25/finding-brand-success-in-the-digital-world (abgerufen am 7.9.2023).
Simon Kemp (2023): «Digital 2023: A Global Review Report». *Datareportal.* https://datareportal.com/reports/digital-2023-global-overview-report (abgerufen am 7.9.2023).
Stacy Jo Dixon (2023): «Daily time spent on social networking by internet users worldwide from 2012 to 2023». *Statista.* https://www.statista.com/statistics/433871/daily-social-media-usage-worldwide/ (abgerufen am 7.9.2023).
*Chasing Consciousness.* [Website] https://www.chasingconsciousness.net (abgerufen am 7.9.2023).
Johann Hari (2022): «The Attention Deficit Crisis». *Chasing Consciousness* [Podcast] https://www.chasingconsciousness.net/

episode-17-the-attention-defecit-crisis-yohann-hari (abgerufen am 7.9.2023).

Johann Hari (2022): *Stolen Focus: Why You Can't Pay Attention and How to Think Deeply Again*. New York: Crown Publishing Group (dt.: *Abgelenkt: Wie uns die Konzentration abhandenkam und wie wir sie zurückgewinnen*, übers. von Simone Fischer, München: riva Verlag 2022).

Brian Resnick (2019): «Teens are increasingly depressed, anxious, and suicidal. How can we help?» *VOX*. https://www.vox.com/science-and-health/2019/7/11/18759712/teen-suicide-depression-anxiety-how-to-help-resources (abgerufen am 14.9.2023).

Noah Smith (2023): «Honestly, it's probably the phones. The most plausible explanation for teenage unhappiness». *Noahpinion*. https://www.noahpinion.blog/p/honestly-its-probably-the-phones?utm_medium=email (abgerufen im Mai 2023).

Rebecca Trager (2020): «Four chemical classes cost US public 270 million IQ points over 15 years». *Chemistry World*. https://www.chemistryworld.com/news/four-chemical-classes-cost-us-public-270-million-iq-points-over-15-years/4011087.article (abgerufen am 7.9.2023).

Barbara Demeneix (2014): *Losing Our Minds. How Environmental Pollution Impairs Human Intelligence and Mental Health*. Oxford: Oxford University Press.

Hannah Ritchie (2022): «Many countries have eliminated lead from paint. How do we achieve the same everywhere?». *Our World in Data*. https://ourworldindata.org/lead-paint (abgerufen am 21.9.2023).

David Rosner und Gerald Markowitz (2013): «Why It Took Decades of Blaming Parents Before We Banned Lead Paint». *The Atlantic*. https://www.theatlantic.com/health/archive/2013/04/why-it-took-decades-of-blaming-parents-before-we-banned-lead-paint/275169/ (abgerufen am 21.9.2023).

Heather Volk und Margaret A. Sheridan (2020): «Investigating the impact of the environment on neurodevelopmental disorder». *Journal of Neurodevelopmental Disorders* 12, 43. https://doi.org/10.1186/s11689-020-09345-y (abgerufen am 21. 9. 2023).

D. Ruiz-Sobremazas, R. Rodulfo-Cárdenas, M. Ruiz-Coca, M. Morales-Navas, M. Teresa Colomina, C. López-Granero, F. Sánchez-Santed und C. Perez-Fernandez (2023): «Uncovering the link between air pollution and neurodevelopmental alterations during pregnancy and early life exposure: A systematic review». *Neuroscience and Biobehavioural Reviews*. https://pubmed.ncbi.nlm.nih.gov/37442496/ (abgerufen am 14. 9. 2023).

US Public Health Service (2023): «Our Epidemic of Loneliness and Isolation». *US Department of Health and Human Services*. https://www.hhs.gov/sites/default/files/surgeon-general-social-connection-advisory.pdf

Department for Digital, Culture, Media & Sport, Office for Civil Society, und Baroness Barran MBE (2021): «Joint message from the UK and Japanese Loneliness Ministers *GOV.UK*. https://www.gov.uk/government/news/joint-message-from-the-uk-and-japanese-loneliness-ministers

T. Farroni, G. Csibra, F. Simion und M. H. Johnson (2002): «Eye contact detection in humans from birth». *Proceedings of the National Academy of Sciences of the United States of America*. https://pubmed.ncbi.nlm.nih.gov/12082186/ (abgerufen im Mai 2023).

Oprah Winfrey und Bruce D. Perry (2021): *What Happened to You? Conversations on Trauma, Resilience, and Healing*. MacMillan Audio.

Marcy Williard, PH.D, NCSP (2022): «Poor Eye Contact in Children». *Cadey*. https://cadey.co/articles/eye-contact

Guifeng Xu, Lane Strathearn, Buyun Liu, Binrang Yang und Wei Bao (2018): «Twenty-Year Trends in Diagnosed Attention-Deficit/Hyperactivity Disorder Among US Children and Adolescents, 1997–2016». *Jama Network Open*. https://pubmed.ncbi.nlm.nih.gov/30646132/ (abgerufen am 7. 9. 2023).

Michelle Drouin (2022): «The age of intimacy famine: When we interact with our phones rather than our loved ones». *The Guardian*. https://www.theguardian.com/lifeandstyle/2022/jan/31/age-of-intimacy-famine-interact-with-phones-rather-than-loved-ones

World Health Organisation: «Depression». [Website]. https://www.who.int/health-topics/depression (abgerufen am 7.9.2023).

Melinda Smith, M. A., Jeanne Segal, Ph. D., und Lawrence Robinson (2023): «Burnout Prevention and Treatment». *HelpGuide*. https://www.helpguide.org/articles/stress/burnout-prevention-and-recovery.htm (abgerufen am 7.9.2023).

Paul Polman (2023): «From quiet quitting to conscious quitting: How companies› values and impact on the world are transforming their employee appeal». *Paul Polman*. https://www.paulpolman.com/wp-content/uploads/2023/02/MC_Paul-Polman_Net-Positive-Employee-Barometer_Final_web.pdf (abgerufen am 7.9.2023).

Iain McGilchrist (2012): *The Master and His Emissary: The Divided Brain and Making of the Western World*. New Haven, Connecticut: Yale University Press.

Matthew Crawford (2015): *The World Beyond Your Head: How to Flourish in an Age of Distraction*. New York: Viking (dt.: *Die Wiedergewinnung des Wirklichen: Eine Philosophie des Ichs im Zeitalter der Zerstreuung*, übers. von Stephan Gebauer, Berlin: Ullstein 2016).

Julia Cameron (2002). *The Artist's Way: A Spiritual Path to Higher Creativity*. J. P. Tarcher/Putnam (dt.: *Der Weg des Künstlers: Ein spiritueller Pfad zur Aktivierung unserer Kreativität*, übers. von Ute Weber, Knaur, überarb. Neuausgabe 2019).

Ich möchte Ihnen sehr ans Herz legen, dieses Buch zu lesen und das darin vorgestellte Programm vollständig zu durchlaufen. Auch Julias Website ist einen Besuch wert: https://juliacameronlive.com (abgerufen am 7.9.2023).

Thorvaldur Thorsteinsson [Website], http://this.is/thorvaldur/ (abgerufen am 8. 9. 2023).

*Fantastic Fungi* (2019), Regie: Louie Schwartzberg. [Dokumentarfilm] (dt.: *Fantastische Pilze: Die magische Welt zu unseren Füßen*). Verfügbar auf Netflix: https://www.netflix.com/de/title/81183477 (abgerufen am 13. 2. 2024)

John McKenna (2017): «These trees in the Amazon make their own rain». *World Economic Forum*. https://www.weforum.org/agenda/2017/08/how-trees-in-the-amazon-make-their-own-rain/ (abgerufen am 15. 9. 2023).

Rainforest. *National Geographic*. [Website]. https://education.nationalgeographic.org/resource/rain-forest/#:~:text=Rainforests%20produce%20about%2020%25%20of,help%20to%20stabilize%20Earth%27s%20climate (abgerufen am 15. 9. 2023).

Enric Sala (2020): «How ecosystems regulate rain». In: *The Nature of Nature: Why We Need the Wild*. National Geographic Society (dt.: *Die Natur der Natur: Ein Appell für die Artenvielfalt*, übers. von Karl-Heinz Ebnet, München: National Geographic Deutschland 2021).

Merlin Sheldrake (2020): *Entangled Life: How Fungi Make Our Worlds, Change Our Minds and Shape Our Futures*. Random House (dt.: *Verwobenes Leben: Wie Pilze unsere Welt formen und unsere Zukunft beeinflussen*, übers. von Sebastian Vogel, Berlin: Ullstein 2021).

Suzanne Simar (2021): *Finding the Mother Tree*. Penguin Books Ltd. (dt.: *Die Weisheit der Wälder: Auf der Suche nach dem Mutterbaum*, übers. von Manfred Allié und Gabriele Kempf-Allié, München: btb Verlag 2024).

Wade Davis (2009): *The Wayfinders: Why Ancient Wisdom Matters in the Modern World*. Toronto: House of Anansi Press.

Thomas R. Verny (2021): *The Embodied Mind. Understanding the Mysteries of Cellular Memory, Consciousness, and Our Bodies*. London: Pegasus Books.

Scott Hershberger (2020): «Humans are more closely related than we commonly think.» *Scientific American*. https://www.scientificamerican.com/article/humans-are-all-more-closely-related-than-we-commonly-think/ (abgerufen am 8.9.2023).

Neanderthal Museum [Website]. https://www.neanderthal.de/de/start.html (abgerufen am 9.9.2023).

Shun Kurokawa (2019): «The role of generosity on the evolution of cooperation». *Ecological Complexity*. https://www.sciencedirect.com/science/article/abs/pii/S1476945X19300297 (abgerufen am 9.9.2023).

## Kapitel 5: Von innen heraus sehen

George Land und Beth Jarman (1993): *Breakpoint and Beyond*. San Francisco: HarperBusiness.

George Land (2011): *The Failure of Success*. 06:08. TED. [YouTube-Video]. https://www.youtube.com/watch?v=ZfKMq-rYtnc (abgerufen am 29.8.2023).

Iain McGilchrist (2021): *The Matter With Things: Our Brains, Our Delusions, and the Unmaking of the World*. London: Perspectiva Press.

Daniel L. Shapiro (2016): *Negotiating the Nonnegotiable: How to Resolve Your Most Emotionally Charged Conflicts*. New York: Viking (dt.: *Verhandeln: Die neue Erfolgsmethode aus Harvard*, übers. von Jürgen Neubauer, Frankfurt a.M.: Campus 2018).

*Unbreakable: The Mark Pollock Story* (2015), Regie: Ross Whittaker [Fernsehdokumentation]. Indigenius (abgerufen am 3.9.2023).

Red Bull High Performance Team (2015): «Red Bull High Performance Team Unveils Largest Study of Creative Styles and Invites the Public to Participate». *Cision*. https://www.prnewswire.com/news-releases/red-bull-high-performance-team-unveils-largest-study-of-creative-styles-and-invites-the-public-to-participa te-300186337.html (abgerufen am 9.9.2023).

Steven Kotler (2022): «How to solve your most painful problems with flow». *Flow Research Collective.* https://www.flowresearchcollective.com/blog/how-to-solve-your-most-painful-problems-with-flow (abgerufen am 15.9.2023).

Roberta Kwok (2019): «Amoebas are crafty, shape-shifting engineers». *Science News Explores.* https://www.snexplores.org/article/amoebas-are-crafty-shape-shifting-engineers (abgerufen am 9.9.2023).

John Kounios und Mark Beeman (2015): *The Eureka Factor: AHA Moments, Creative Insight, and the Brain.* New York: Random House Inc. (dt.: *Das Aha-Erlebnis: Wie plötzliche Einsichten entstehen und wie wir sie erfolgreich nutzen,* übers. von Nele Junghanns, München: Deutsche Verlags-Anstalt 2015).

William Duggan (2007): *Strategic Intuition: The Creative Spark in Human Achievement.* Columbia University Press (dt.: *Geistesblitze,* übers. von Regina Schneider, Bergisch Gladbach: Lübbe 2009).

«The Pristine Seas Project». *National Geographic.* [Website] https://www.nationalgeographic.org/projects/pristine-seas (abgerufen am 10.9.2023).

Enric Sala (2020): *The Nature of Nature: Why We Need the Wild.* National Geographic Society (dt.: *Die Natur der Natur: Ein Appell für die Artenvielfalt,* übers. von Karl-Heinz Ebnet, München: National Geographic Deutschland 2021).

Jo Marchant (2020): *The Human Cosmos. A Secret History of the Stars.* Edinburgh: Canongate Books.

Dacher Keltner (2023): *Awe: The New Science of Everyday Wonder and How it Can Transform Your Life.* New York: Penguin Press.

Andy Tix (2016): «The Loss of Awe: How to find inspiration in ordinary life». *Psychology Today.* https://www.psychologytoday.com/gb/blog/the-pursuit-peace/201601/the-loss-awe (abgerufen am 10.9.2023).

Mark Carney (2021): *Value(s): Building a Better World for All.* London: William Collins.

E. Brondizio, J. Settele, S. Díaz und H. T. Ngo (Hrsg.) (2019): «Global assessment report on biodiversity and ecosystem services of the Intergovernmental Science-Policy Platform on Biodiversity and Ecosystem Services». Zenodo. https://doi.org/10.5281/zenodo.3831673 (abgerufen am 10.9.2023).

John Adair (2007): *The Art of Creative Thinking: How to be Innovative and Develop Great Ideas.* London: Kogan Page Publishers.

Hannah Arendt (1998): *Love and Saint Augustine.* University of Chicago Press (dt.: *Der Liebesbegriff bei Augustin: Versuch einer philosophischen Interpretation.* Berlin: Julius Springer 1929).